U0033233

張凱文◎著

10年後用技術分析賺到1000萬

10年後,用技術分析賺到1000萬 / 張凱文著. -- 初版. --
臺北市 : 羿勝國際, 2017.11
面； 公分
ISBN 978-986-95518-3-0(平裝)

1.股票投資 2.投資技術 3.投資分析
563.53 106019431

作　　者　張凱文
出　　版　羿勝國際出版社
初　　版　2017年11月
電　　話　(02) 2297-1609
地　　址　新北市泰山區明志路2段254巷16弄33號4樓
定　　價　請參考封底
印　　製　東豪印刷事業有限公司

總 經 銷　羿勝國際出版社
聯絡電話　(02)2236-1802
公司地址　220新北市板橋區板新路90號1樓
e-mail　yhc@kiss99.com

一生能夠積累多少財富，

不取決於你能夠賺多少錢，

而取決於你如何投資理財，

錢找人勝過人找錢，

要懂得錢為你工作，

而不是你為錢工作。

～ 華倫．巴菲特

前言

在世界大城市中，一場新的年輕化職業革命正悄悄興起，假若你有機會和三十五歲左右的人談話時，你會感覺到他們有一種日益增長的莫名被裁員的恐慌，尤其身處在華爾街裡，不確定性似乎無所不在。

華爾街金童的告白

全世界的人力市場最近出現了一種新概念：由原來的認為高學歷就是人才，轉向「企業有需要才是人才」。這是因為市場經濟千變萬化，人才的需求也隨之不斷改變。因此，未來社會只有兩種人：一種是因為工作和學習忙得要命的人，另外一種是找不到工作閒得發慌的人。

一個在美國某著名投資銀行任職的年輕人說：「在華爾街絕對有年輕化的傾向，因為這麼多的新投資建築在熟練的技術上。今天的技術只能今天教。

經驗一文不值，它只意味著你的技術已經老了。在高科技時代，甚至離開學校四年也代表你的技術已經老了四年，如果你在矽谷，二十五歲時你最好已經賺飽荷包，因為你已經完了。我二十七歲，在金融業已經七年，就已經像是具恐龍化石，該準備進博物館了。」

很多人認為擁有一技之長便可走遍天下，但事實上，若只有單一技能者想拿高薪卻愈來愈難。有關專家指出：外語和電腦已經成為由原先的專門人才轉向為複合型人才必備的兩大工具。所有目前領高薪者若再不學習新知，用不了五年就會跌入低薪階層。

積極規劃自己生涯

無論你身處哪個行業，唯有積極面對變化，才可能獲得成功。我們曾經仗著學歷傲視群雄。但是如今學歷急速「貶值」，如何面對這變幻莫測的競爭世界？如何選擇充實自己的確切方向？

前陣子的暢銷書《誰搬走了我的乳酪》，用兩隻小老鼠的遭遇闡述了積極應對變化的重要性。

前言

只靠著經驗吃老本，總有一天會被吃空，因為那時候會有更年輕、更優秀的人來替代你。

「活到老，學到老」這句老話對於白領一族來說，有著更深一層的意義，不要在忙碌的生活中無謂的消耗自己，要隨時注意為自己儲備能量，若有一天即使突然遭逢職場冬天，你仍能有備無患。

目前社會變革加快，每個人的職場生涯都會不斷向前發展，所以每個人都應該是根據自己的實際情況，先制定出一份總體的生涯規劃，然後在不同的時期中，根據實際情況做適當的調整。在為自己規劃職業生涯的時候，要認真思考以下三個方面：

首先，成功不分早晚。到了一定年齡階段仍找不到職業方向的人不必驚慌失措，認為自己一輩子就這樣庸庸碌碌、一事無成了，只要能時時刻刻保持創新的思維和心態，努力追求你的目標，終會有事業成功的一天。

其次，成功是無法複製的。你不可能把他人的成功經驗原封不動轉移到自己身上，做職業規畫最忌隨波逐流。最後，在每一次起跑前都要先認清楚自己。無論是年輕創業，還是中年時再起跑，首要之務是認識自己，找到最適合自己做的、以及最能做出成績的行業。

詭譎多變的股市

股市裡有個殘酷的數字：「10個在股市的投資人，只有一個人賺錢。」

我認為那位賺錢投資人就是擁有良好的態度，這態度並不是擁有多強的操盤功力或是掌握甚麼內線消息，而是了解到在股市裡賺錢的不易，並且隨時保持戰戰兢兢的投資態度。

今日在股市裡賺到錢，不代表從此一帆風順，而是要更小心因為股市賺錢後，讓自己疏於防範，結果造成未來股市崩盤時，自己的資產也大幅地縮水，所以無論短期內是否在股市裡賺到錢，都必須保持謙虛的操盤態度，才能讓自己優游股海，靠股票達到財務自由之路。

Contents

第三章

股市新手的基本功　061

第四章

K線圖技術分析　089

Contents

第一章

態度，決定致富的速度

三十五歲時的重要選擇

■ 假若在三十五歲時，在職場上的收入還是像雞肋一樣，食之無味棄之可惜，那就必須努力在投資理財上獲得額外的收入。

獲取更高的收入，是每一個上班族的夢想，擁有高收入，不僅意味著個人生活的改善，也是能評估個人價值最客觀的方法之一。

但是凡事沒有不勞而獲的，想要獲取高收入，最重要的，就是要保持積極生活的習慣，並且隨時檢視自己的生涯規劃。我建議可以三十五歲為分水嶺，來分析目前自己生活上的各種狀況。

三十五歲的分水嶺

三十五歲的人，在經濟上已經有著各種沉重的負擔，房屋貸款、車子的分期付款，還要負責供養父母。

如果已有家庭，那還需要一筆很大的費用才能應付家庭日常開銷，單就這一點而言，已經不可能再像年輕人那樣為了賺取一點經驗而接受微薄的薪水、縮衣節食的度日。

從體力上來講，三十五歲前是體力最好的階段，三十五歲之後，無論你是否接受現實，都不可避免的逐步衰老。

首先你會發現體力不能再和二十歲時相比，那時候你可能還能連熬三個夜照樣精神奕奕，但是現在你已經需要不時喝點雞精或蠻牛了。

股市上制勝的關鍵即是智慧，經驗帶來智慧，智慧帶來洞察先機的能力，三十五歲的人在經歷各種職場和股市上的起伏後，最大的優勢就在於累積了許多智慧與經驗。

職場上的抉擇

三十五歲的人要開始面臨抉擇，在職場上若要獲取比同行平均薪酬更高的薪水，固然取決於個人的素質，比如學歷和工作經驗等，但有些時候，學會採取正確的方法也是很重要的。

行業的選擇就是獲得高薪的一個非常重要的前提。比如說，同樣是在電子公司上班，工程師、國外業務、作業員、行政人員的的待遇都大相逕庭。即使同樣做國外業務，不同的國家屬性，也會對業績產生影響，所以在三十五歲前，選擇一個對未來有發展的行業自然是當務之急。

一個人在二十歲出頭的時候，很難判斷哪個職業較適合自己，但是不必焦急，你可以在能力所及的範圍內選擇一個目前自己喜歡的行業，不妨先試著做做看。三十五歲以前的工作好還是不好，可以暫不考慮薪水的問題，它的標準只有一個：是不是能學到許多東西。

三十五歲以後就應該確立自己的方向了，對於自己想要進入的行業必須有理智的認識，比如：你在這個行業可以做多少年？其經歷對你以後的發展是否有益？想要得到高薪，如何表現自己的水準和能力，使老闆覺得你確實不同凡響，這是獲得高薪的首要條件。除了取決於自身的良好教育背景、一定的工作經驗、工作能力等條件之外，當然，健康的身體也是不可少的。

投資上的選擇

但是，如前所述，不同職位的薪水收入大不同，因此即使在工作崗位上汲汲營營，在這不景氣的社會下，老闆可不一定保證會定期幫你加薪。

更何況人都有惰性，尤其是在三十五歲以後，在職場上已經達到一定的高度和穩定度，就更容易對已有的收入感到滿足，甚至認為可以從此以後都待在舒適圈至退休，但卻往往忽略了投資理財上的重要。

因此假若在三十五歲時，在職場上的收入還是像雞肋一樣，食之無味棄之可惜，那就必須努力在投資理財上獲得額外的收入，此本書即是以這樣的精神，來為讀者發掘增加收入的機會。當然你心中或許會問：「能否也買一些基金和債券來投資呢？」

沒錯，基金和債券也是不錯的投資工具，理財專家也常說，但問題是你手中有那麼多錢可以「資產配置」嗎？

我認為理想的資產配置門檻應該為1,000萬元，只要可投資的資金小於1,000萬元，我建議你先從股市上賺取第一個1,000萬元，之後再用資產配置的方式，逐漸獲取穩定的收入即可。

投資小叮嚀！

假若在三十五歲時，在職場上的收入還是像雞肋一樣，食之無味棄之可惜，那就必須努力在投資理財上獲得額外的收入。

用心思考

■ 在股市裡，隨著媒體起舞的投資人，懂得獨立思考的投資人，往往才是最後的大贏家。

麥克十三歲時開始就在父母的加油站工作，站裡有三個加油台、兩條修車間和一間洗車兼打蠟房。父親負責修車，母親負責記帳和收錢。

他想學修車，但父親讓他在前台接待顧客。他父親說：「兒子，汽車在變化，而人卻不會，你需要先學會了解人。」

1 Chapter

在微小處也要用心

當汽車開進來時，麥克在車子停穩前，就站在司機門前，忙去檢查油量、蓄電池、傳動帶、膠皮管和水箱這些機械。他總是多做些貼心的服務，幫助擦拭車身、擦擋風玻璃和車燈上的污漬。

麥克注意到，如果自己做得好，顧客還會再來。每週都有一位老太太開著她的車來清洗打蠟，老太太的車內地板凹陷極深，因而很難打掃。

車的主人又極難打交道，每次當他們把車準備好時，她都要再仔細的檢查一遍，要他們重新打掃，直到清除沒有灰塵她才滿意。麥克實在不願再伺候她了。

但父親告誡他：「孩子，這是你的工作。不管顧客說什麼、做什麼，你都要記住做好你的工作，並以應有的禮貌對待顧客。」

在不到三十歲的年齡時，麥克就成為一個成功的企業家。他歸功於童年時在加油站的工作，不僅使他具備了嚴格的職業道德，學到應該如何對待顧客，而且也認識到家庭小型企業所面臨的挑戰。他的父母既是老闆、經理，又必須是服務員，並且教導麥克要用心思考，即使在卑微瑣碎的工作上，也以顧客的需求和感覺為優先。

判別消息面

在股市裡，除了要學習投資技術外，更重要的是要學會如何判別消息面，在以前網路不發達的時代裡，誰最快掌握股市新聞的內容，通常都能夠搶先卡位布局。但是如今網路四通八達，通常一則公司的重大新聞出來，下一秒全世界就可以在股市作反應。

所以投資人在判別消息面時，要先了解這消息是屬於短線或長線，例如一間上市公司的工廠失火了，那麼這一定屬於短線利空，因為這只是對公司短期的業績有影響，卻不會影響長期訂單。

長線的重大消息通常是屬於利率決策的消息，舉例來說，每次美國Fed要開會準備是否升息或是決定QE政策時，都會影響到中長線的股價走勢，以下便是之前QE政策發布後，美國股市的長期走勢圖。

1 Chapter

在詭譎多變的股市裡，隨時都有各種真真假假的消息面充斥著，投資人不必對每則新聞都過度反應在操作上，只要針對重大的新聞來思考即可，在股市裡，隨媒體起舞的投資人，通常很快就從股市畢業，懂得獨立思考的投資人，往往才是最後的大贏家。

▶ 資金行情

資料來源：富邦e

第二章

換個賺錢的腦袋

有風險的穩定工作

■ 在物價越來越貴的時代裡，即使擁有穩定的工作，但是薪資所得永遠追不上通貨膨脹的速度。

你認為有錢人和窮人的標準在哪裡？答案是誰能留下自己的全部收入，誰就是有錢人。

例如小張和小李今年同樣都是收入一百萬元，小張是上班族，因此要乖乖繳納所得稅。

小李則是一家小企業的老闆，因此能夠透過公司的支出來合法節稅。

有錢人的錢越滾越多

在台灣，「繳稅」、「服兵役」、「繳勞健保」都屬於國民應盡的義務，而當中最令多數人感到頭疼的就是「繳稅」。不管是牌照稅、燃料稅、營業稅、關稅、甚至是個人綜所稅，只要你是受薪階級，每一毛錢都跑不掉。

根據台灣財政部財稅資料中心2011年統計，2010年綜所稅申報戶，有14戶年所得超過四百萬元，卻沒有繳一毛錢的稅。

其中還有3戶年所得超過1000萬元，包括一戶年所得超過2000萬元，卻還是可以免繳稅，甚至還可能退稅。

這些有錢人為何不用繳稅或繳交很少的稅？

事實上，那是因為他們擁有優良的財務知識，他們能夠透過投資房地產、股票和企業支出，來讓自己大部分的現金收入都留在自己的口袋裡，而且再繼續投資下一個房地產、股票和企業，於是有錢人的錢就會越滾越多，形成了一個良性循環。

或許你會認為「這世界真是不公平，有錢人賺得多，卻不用繳稅，那還有天理嗎？」站在繳稅的角度上來看，或許不公平，但若我們站在企業家的角度上來看，企業家要雇用員工，越大型的企業要雇用越多的員工。

若企業沒有保留足夠的現金，就無法持續雇用員工，而造成越來越多人沒工作，最後讓全國的失業率攀升，最終使得整個國家競爭力走向衰退。

總結來說，稅法只對於能創造工作的人有利，例如提供就業機會的創業家，或是提供平價住宅的投資家，對於上班族來說，所賺到的收入，都需要按照一定的比例繳稅。

致富方程式

人們對於「穩定的工作」總有份迷思，認為有了穩定的工作和收入，就是擁有了鐵飯碗和金飯碗，一輩子都不愁吃穿，但是現實的狀況是，企業家可以為了降低成本或減少虧損，而輕易地裁掉對公司沒有業績幫助的員工，所以有越來越多人失去了他們的穩定工作。

因此這世界上根本沒有「穩定的工作」，但是只要你肯用心學習財務知識，那麼你會發現其實是有個「致富方程式」，這方程式能夠幫助你用極低的風險和極少的體力，就能夠獲取夢想中的財富。放眼全世界，每個國家的大企業家一定是當地政府大力扶持的對象，若這些企業稍有不慎而倒閉，那麼輕則造成數十萬人失業，重則還有可能讓國家的GDP大幅縮水。

因此我們不該自怨自哀，反而應該學習這些有錢人的致富方程式，讓自己的財富，也能夠隨著時間逐漸增長。我觀察了世界上的許多有錢人，發現他們都有個共同的致富方程式，這方程式即是：

創業＋投資＋時間＝致富

有錢人透過創業，讓個人的支出成為公司支出的一部分，透過投資房地產或股票，讓自己擁有固定的現金收入。因此，有錢人讓自己的收入極大化，並讓自己的支出極小化，隨著時間一天一天地過，有錢人的財富也就一天一天的增長。

選擇，重於一切

在過去，我們一直被灌輸著人生當中只有一個選擇：「上學得到好成績，畢業找個穩定的工作。」這個選擇最後讓我們成為一個受薪階級的上班族，若選擇了這條路，或許短期內可以獲得溫飽，但是長期而言，我們卻是走向貧窮之路。

事實上，這世界上除了「穩定工作」這選項，還有各式各樣的選擇，你可以選擇當老闆，透過員工努力工作，而讓公司獲得最高收益，最後進而讓自己致富。

你也可以選擇投資房地產，透過房客每月準時繳交租金，讓自己每月不用工作就有收入；你也可以投資一家優良企業的股票，讓這家企業的老闆努力地去經營公司，每年你可以不用工作就可以分得股息和股利。

詳細建立自己的月記帳表

項次	項 目	消費月份	消費金額累積	備註
1	交通			除一般上班的交通費外，也包含各項稅與油費開銷
2	餐費			除正食與外食外，柴米由鹽醬醋茶均包含在內
3	租屋			
4	水電瓦斯			
5	服裝			
6	娛樂			
7	書報			
8	通訊			含電話、手機、平板電腦等通訊器材與租費
9	家電用品			含電腦、週邊、家用電器…等用品
10	香煙			
11	酒			
12	應酬			
13	零食			指一般正食以外的吃食
14	紅白帖			
15	慈善公益			
16	借出呆帳			即借錢給人家卻收不回來了
17	維修			含汽機車、電腦、家用電器等修復費
18	稅金費用			如所得稅、房屋稅、地價稅等稅金
19	罰款費用			如拖吊、車子罰單等各項罰款費用
20	孝養父母			
21	醫療			
22	其它雜支			

但是以上這些選擇，都需要足夠的「財務知識」。但是這些知識卻是學校老師不可能教的，老師們不可能會教你如何去開公司創業、如何投資房地產或找好股票投資。他們總是會以類似「那總是太冒險了」的話語輕易帶過。

接著老師會再鼓勵你繼續把書念好，畢業後找份好工作。因此，壞消息是「想獲得成為有錢人的財務知識，就只有靠自己了」，但是好消息是「有錢人的財務知識一點都不難」。

你不用懂得微積分、也不用找出歐洲有哪些國家、更不用背出化學元素表。你所需要的就是拿出自己的勇氣，勇敢地跨出第一步，從最小的地方開始起步，獲取一些經驗後，就能夠讓自己的錢開始為自己工作。

最後就算無法成為鉅富，但是一定不會成為窮忙的上班族，還可以讓自己和家人衣食無缺，並且不用煩惱老年生活，讓自己真正獲得財務的自由。

具備基本的財商教育

■ 唯有依靠自己努力獲得財商教育，才能擺脫窮忙族的惡性循環。

雅婷生長在一個小康家庭，從小到大父母給她的觀念就是：「把書讀好，將來找個穩定的工作」。因此儘管雅婷不喜歡唸書，但是為了以後有個穩定的工作，她還是盡力地獲取大學文憑，畢業後，也順利進入一間電子公司工作。

停滯20年的起薪

但是她畢業後的起薪是25,000元，這樣的起薪跟20年前一樣，也就是說，當雅婷讀幼稚園至大學畢業這段期間，上班族的薪水呈現停滯狀態，但是這20年間的物價卻上漲了數倍至數十倍不等。

雅婷發現到這樣的問題，跟父母討論時，所得到的回應則是：「年輕人要懂得吃苦，有工作做就不錯了，你不知道很多人還失業嗎？」

雅婷沒想到她人生中最快樂的時光竟是在求學時代，因為只有在求學時不用擔心錢不夠用，因為爸媽自動會把錢給她。但是一旦畢業後，無論自己如何加班賺錢，卻永遠感覺錢不夠用，戶頭裡也永遠無法存到錢。

有天雅婷看電視時，發現Yes123人力銀行公布一份調查，有56%受訪上班族存款不到5萬元，其中更有26%是零存款、標準的「月光族」，而67%工作不開心，70%認為「自己的健康比實際年齡老態」。

存款低、心情低、健康指數低的「職場三低族」，反映出台灣勞工「窮忙」現象，這時雅婷才驚覺到原來自己也成為了「窮忙族」這大家族的一份子了。現在有很多人跟雅婷一樣，在個人財務方面遭受到不平等的對待。

不管是政府、老闆或是親戚朋友，幾乎沒有人可以在財務方面，提供你正確和實質的金錢幫助。因此，想要早日獲取財務自由，唯有依靠自己努力獲得財商教育，才能擺脫窮忙族的惡性循環。

養出3大金雞母

財商教育能夠讓你擁有領先別人的致富競爭力，這種競爭力能夠讓你獲得無限大的投資報酬率，就像你可以印製自己的鈔票一樣，財商教育包含了三大領域：

1.股票　2.房地產　3.創辦公司

真正的有錢人每個月可以從這三大領域中，固定獲取現金的收入，有錢人不喜歡把錢存在銀行，反而是找尋更多的投資機會，也就是說，只要價錢夠低，那麼有錢人會不斷買入股票、房地產和創辦公司。

列出自己的年度支出分析表

加總/消費金額累積	消費					
項目	一月	二月	三月	四月	五月	六月
水電瓦斯	1,450	1,500	1,200	1,200	1,600	1,50
交通	2,000	2,000	2,000	2,000	2,000	2,00
其它雜支	800	500	700	900	700	1,20
服裝	200	0	0	0	0	
紅白帖	1,500	0	0	600	0	
香煙	1,200	1,200	1,200	1,200	1,200	1,20
借出呆帳	0	0	0	0	300	
娛樂	1,000	600	600	1,000	1,500	1,00
家電用品	0	1,200	0	0	0	
書報	300	300	300	300	300	30
租屋	4,000	4,000	4,000	4,000	4,000	4,00
酒	900	300	300	,200	300	30
通訊	2,000	1800	1,500	1800	1600	1,50
稅金費用	0	0	3,000	0	0	
慈善公益	0	1,000	0	0	0	60
零食	500	500	500	500	500	50
維修	600	0	600	0	0	1,20
罰款費用	1,200	600	0	300	0	
餐費	3,300	3,000	3,200	3100	3300	3,50
應酬	1,200	600	0	600	900	1,20
孝養父母	5,000	5,000	5,000	5,000	5,000	5,00
醫療	0	300	0	0	300	,20
總　計	27,150	24,400	24100	22700	23,500	25,20

月份

七月	八月	九月	十月	十一月	十二月	總　計
1,500	1,650	1,350	1,400	1,350	1,450	17,150
2,000	2,500	2,000	2,000	2,000	2,000	24,500
1,500	900	1,000	780	600	1,260	10,840
1,000	0	,500	0	0	1,200	2,900
1,200	0	1,500	0	0	1,200	6,000
1,000	900	1,200	1050	950	1,200	13,500
0	0	0	,400	0	0	700
2,000	1,600	1,200	1,500	1680	1,500	15,180
1,200	0	0	0	650	4,500	7,550
300	300	300	300	300	300	3,600
4,000	4,000	4,000	4,000	4,000	4,000	48,000
1,200	600	600	550	,350	800	6,400
2,200	2,000	1,500	1,400	1,500	1950	20,750
0	0	0	0	0	0	3,000
0	0	0	600	0	0	2,200
800	700	650	,450	,500	,450	6,550
0	0	0	0	0	0	2,400
1,200	0	300	0	300	0	3,900
3,500	3,500	3,400	3,500	3,450	3,350	40,100
2,000	1,500	800	,500	700	1,200	11,200
5,000	5,000	5,000	5,000	5,000	5,000	60,000
0	0	0	0	50	300	1,150
,600	25,150	25,300	23,430	23,380	31,660	307,570

許多上班族總是為了「現金太少」而煩惱，但是有錢人卻是經常煩惱「現金太多」，因為他們不斷買入可以收到現金的金雞母，所以有錢人永遠不用擔心錢會不夠用，而是要思考「錢如何用」。

當全球不景氣時，各國政府通常為了避免通貨緊縮，因此便會大量發行鈔票，希望造成通貨膨脹，但是這時那麼有錢人很有可能無法把現金持續投入股票、房地產和創辦公司等領域。這時有錢人便會把多餘的現金投入原物料商品，

例如黃金、白銀、石油等原物料，因為原物料的趨勢跟通貨膨脹呈現正相關，因此有錢人這時會把錢轉至原物料商品，等待股票、房地產和創辦公司進場機會。

生病的資格

對於收入越來越少的上班族而言，由於本身擁有的投資現金過少，因此可以暫且先不用考慮投資原物料商品，反而應該把所有的心力放在股票、房地產和開辦公司等三大領域，如此才能越早擺脫窮忙族的狀況，讓自己擁有財務自由的人生，也能夠循序的建立自己的完善

退休計畫。有錢人不需要政府的退休計畫，因為他們能夠自己創造出源源不絕的現金，把錢投入政府的退休計畫，所得到的收入，對他們的真正的退休生活來說，根本毫無生活品質和保障。

老年所需要的醫療費用極高，即使有醫療保險補助，但是對一些自費項目的重大疾病而言，補助的金額往往只是杯水車薪，

所以這時若無法在年輕時，就為自己預備好股票、房地產和創辦公司等三大金雞母，那麼到了年老的時候，將可是會連生病也沒有資格的。

貨幣是經濟的北極星

「股市是經濟的櫥窗，貨幣則是經濟的北極星」，有錢人在進行投資時，所注重的是對貨幣走勢擁有高度的可預測性，也就是說，有錢人會特別密切關注美元、歐元和日圓等這三大貨幣的趨勢。

舉例來說，正當前幾年美國實施QE政策之後，造成了美元長期走貶，美國希望因此有助於提振本國的外

銷，而各國央行也紛紛起而效尤，也各自大量印製鈔票，因為不這麼做的話，將會讓他們對美國的出口呈現停滯或負成長，所以一旦美國開始印鈔票，各國央行也會同步跟進開始印鈔票。

全球央行大量印鈔票的結果，便是造成全球性的通貨膨脹，所有的資產都同步上漲，但是這時受薪階級的薪水若沒有同步調升，那麼將造成物價越來越貴，而薪水越來越少的慘況，造成貧富差距越來越大。

我相信若上班族不早點面對這樣的問題，早點趁年輕趕緊想辦法解決，將來等到年老時發現怎麼賺來的錢都不夠用時，到那時候誰也救不了你。

投資小叮嚀！

有錢人不需要政府的退休計畫，因為他們能夠自己創造出源源不絕的現金。

銀行要的成績單

■ 若我們想要向銀行申請創業貸款、購車貸款或信用貸款時，銀行總是要求看我們的財務報表，而不是我們在學校的成績單。

從小到大，父母師長都常灌輸我們一項觀念，殊不知這項觀念卻大大限制我們通往財務自由的道路，這項觀念為「上學拿高分」。

在求學時代，我一直以為只有得到好成績才是對的，若無法得到好成績，那麼以後一定沒有前途，等到我大學畢業出社會找工作時，我才驚覺到「除了會讀書，其他的我都不會」。

現有學校的兩種教育

或許你看到這裡，會覺得我很反對教育，但事實上並不是這樣，我很認同教育，在學校可學到基本的兩種教育。

第一種是基礎教育，也就是聽說讀寫和算術教育，第二種是專業教育，若你想成為醫師、律師或會計師，透過學校的專業教育體系即可達成這個目標。

但是假如學生學會了基本的學術教育，但是對於醫師、律師或會計師等領域完全沒有興趣時，現有的教育體系完全無法幫助這些學生，只能鼓勵這些學生盡量再多進修，多讀一些碩士和博士，這不只是讓學生不斷逃避面對社會，更是浪費了許多學校資源。

我自己就是現有教育體系下的受害者，我在大學是學商業管理，出了社會後，才發覺不可能一進公司就當主管來管理別人，反而應該先學會被管理。但是學校老師可從來沒教過我要如何與主管溝通、如何開發客戶和本身的理財規劃，而這些知識卻是影響我這一生最重要的學問。

所以我真正反對的是現有教育體系，除了基礎教育和專業教育外，對於「財務教育」極度缺乏，造成許多社會新鮮人畢業後，完全無法適應這社會，因為各種工作起薪又低，無法存到錢，工作又常是「上班打卡制，下班責任制」，所以便讓這些畢業生更感挫折。

銀行要的成績單

我剛結婚時，由於想要擁有自己的房子，便跟銀行開始談房貸事宜，而銀行專員要我提供我和我老婆的收支和資產負債狀況，也就是要我們提供個人的財務報表，讓銀行專員進入審核。

例如我們要提供我們的相關帳戶或存摺，以證明我們的收入可以負擔每月的房貸支出，我們也要提供存款、房地產和其他貸款證明，讓銀行評估我們的資產負債狀況，是否會因為多了房貸這項負債，而影響到我們之後無法負荷房貸，因為一旦我們無法正常繳付房貸，對銀行來說就等於多了一個呆帳。

除了房貸，若我們想要向銀行申請創業貸款、購車貸款或信用貸款時，銀行總是要求看我們的財務報表，而絕對不是我們在學校的成績單。若你只有高中畢業，但是銀行存款有上百萬，每月也有固定的收入，那麼你便是銀行眼中的「高材生」。

若你本身負債上百萬，收入也不固定，即使你擁有雙博士學位，銀行也不會想跟你打交道，所以財務報表就是我們離開學校後的成績單。

教育體系的重大缺失

現有的教育體系除了缺乏財務教育之外，還有另一項重大缺失，那就是依照學業成績將學生分類，為好學生和壞學生，只要成績好就歸類為好學生，成績不好就歸類為壞學生，成績好就能夠考上明星大學，成績不好就只能讀一些野雞大學。

很多成績不好的學生只是對考試沒興趣，但是他們在其他領域一定會有屬於自己的天分。在美國的黑人家庭裡，從小就要小朋友盡力地去學習唱歌、跳舞和運動，因為黑人天生就有這方面的天份，他們能夠透過發揮天份來鼓舞別人。如今的音樂界和體育界有將近80%的明星都是黑人，就是一項最好的證明。

我在國中時期以為「萬般皆下品，唯有讀書高」，因此我努力求取好成績，後來果然獲得極優秀的成績保送高中，但是進到高中後，我發覺書的內容怎麼還是跟以前類似，只是比國中還難了一點。

那時我開始思考這樣努力拿高分，似乎不是條正確的路，所以我開始探索出社會後應該要有的一些知識，而我的學業成績開始一落千丈，那時我的老師覺得很奇怪，認為我的國中成績看起來是高材生，為何高中成績這麼不理想。

老師想到的唯一理由是「我變壞了」，因為只有壞學生的成績才會不好，因此老師對我的態度則是完全是以瞧不起的心態對待。

這讓我的高中生涯過得很不快樂，之後我高中畢業時成績是在班上的後段班，後來考上的大學也只是一般大學，所以我自己本身也是這個教育體系下的受害者。

學習金字塔

依據美國的教育學家戴爾（Edgar Dale）於1969年所提出的學習金字塔理論（Cone of Experience），學習可分為被動的學習（間接）及主動的學習（直接）。

被動的學習：

例如看電視，指的是完完全全的由外人所供給的知識，自己只是負責接收訊息而已。

主動的學習：

例如讀書、畫畫、做菜等，指的是除了需要自己吸收之外，並且透過自己，也讓別人也可以分享這些知識，戴爾認為單純的去學習一些新的知識的話。

在兩周後所能夠記得的內容為：

1.讀（留存10%）：閱讀文字。

2.聽（留存20%）：聽講。

3.靜態學習（留存30%）：看以圖片資料呈現的資訊。

學習金字塔

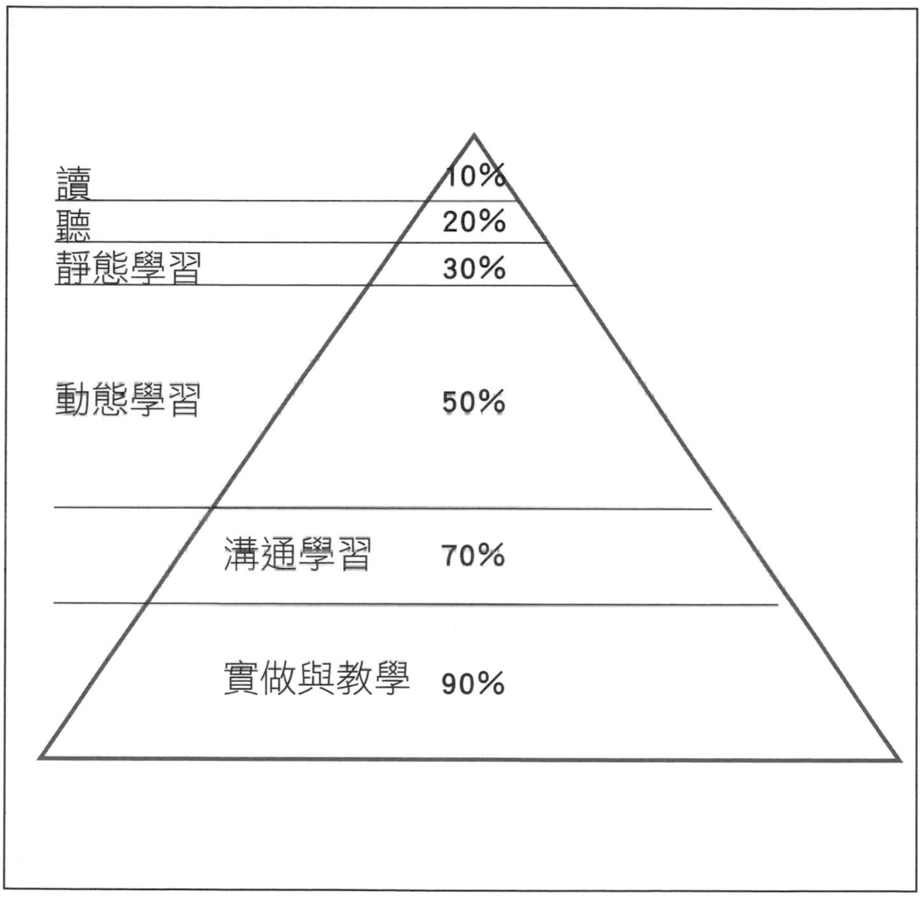

資料來源：戴爾（Edgar Dale）的經驗金字塔理論（Cone Of Experience）

4.動態學習（50%）：看影片或觀展或看示範說明。

5.溝通學習（70%）：討論後或說出感想。

6.實做與教導（90%）：做簡報或模擬經過或經自己設計並實際呈現表述。

透過戴爾的研究發現，透過實做和教導別人所獲的主動學習是最有效的，所佔的比例高達90%。反而是傳統的聽說讀寫等被動學習，所佔的比例分別為10%和20%。而可悲的是現有的教育體系卻只是注重於被動學習，而不鼓勵學生去獨立思考。

更可悲的是，當一個不懂得獨立思考的學生畢業後，當面對財務問題或困難時，通常只會想要再去進修或獲取更高的學位，而不是努力學習投資理財的知識。

擁有對金錢的掌控權

■ 當有一天你擁有了財務的知識，你就會擁有了掌控金錢的力量。

因為工作的關係，我曾經訪問一位上市公司的老闆，在訪談結束時，我請教他致富的秘訣。

他回答：「這世界上大部分的人為了錢，都很努力工作，但是只有極少數的人，讓錢或人努力為他們工作，若你想致富，就要讓錢或人為你努力工作。」

讓人為我努力工作

即使上班族努力工作獲得越來越高的收入，但是國家卻會對這些高所得的人士課取越高的稅金，每個國家稅法建立的精神，就是鼓勵人們創造自己的資產。

因為一個國家擁有越多的資產，那麼代表創造了更多的就業機會，國家的經濟就越來越好，失業問題也越來越少。這裡所謂的資產即是建立企業，職位越高的上班族，是在幫老闆建立企業，不是建立自已的事業。

我們努力工作也很難存到錢的原因，就是薪水增加的速度不如物價上漲的速度，所以假如可以選擇創業，那麼透過讓員工努力地工作，就能讓自己的收入遠遠超過物價上漲的速度。

我們都誤以為創業的風險很高，但其實若能找到獲利模式，創業家其實是一種低風險的職業。

對上班族來說，客戶只有一位，那就是老闆，因此上班族必須努力工作，來討好自己的老闆，因為一旦被老闆開除，那代表上班族失去了100%的薪資收入。

創業家的客戶有成千上百個，一旦當中有個客戶不下訂單，那麼影響到創業家的收入也只是1/1000或1/100。創業家的風險大大地降低了，所以越成功的創業家，越能讓自己的風險降至越低。

最穩健的投資工具

你看過倉鼠在籠子裡努力跑步的樣子嗎？

這代表著在現實中絕大部分的人們的生活狀況，就想倉鼠在滾輪裡面跑一樣，怎麼跑也跑不出去，卻又停不下來，倉鼠若想得到自由，不是努力地在滾輪上跑步，而是要想辦法逃出籠子。

因此，上班族唯一的解決方法，就是倉鼠要想辦法逃出籠子一樣，要努力跳出目前的工作框架，重新找回對金錢的掌控權，若是短期內各方面條件都不適合創業，那麼可以先朝購置房地產出租這方面著手。

阿偉是我在教會的一個朋友，他在2008年金融海嘯時，想在台北市買房，無奈即使那時大台北的房價有修正，但是對他來講還是太高。

因此他下了一個決定，他繼續在台北租房子，並用他的自備款在高雄市購置了4間房子，每間房子隔成5間套房，共有20個單位出租，每個單位扣除所有成本能夠淨賺2,000元，因此他目前每月不用工作就有4萬元的淨收入。

這幾年高雄的房價漸漸上漲，有次我問阿偉是否有想要獲利了結出場，他表示，「即使賣出，以後也很難再以更低的價位買回來，還不如繼續讓這四間房子為我努力工作。」

只要慎選時機和標的物，房地產其實是一項很穩健的投資工具，因為銀行能夠借你大部分的資金購置房地產，你還能用出租的方式，讓房地產為你賺錢，所以若你手上有一筆錢存在定存，那麼我給你一項中肯的建議：「趕緊去買房地產出租吧！」

靠股票，每年多領一份年終獎金

雅雯的老闆很會激勵業務部，總是不斷在開會時公告，只要業績達至多少時，就會提撥一份豐厚的年終獎金，因此每年的尾牙總是看到每位業務臉上都是笑呵

每月投資股市$5,000，每年報酬率以12%計算

年期	累計投資 金額	本利合
1	$60,000	$63,413
2	$120,000	$134,867
3	$180,000	$215,384
4	$240,000	$306,113
5	$300,000	$408,348
6	$360,000	$523,550
7	$420,000	$653,361
8	$480,000	$799,636
9	$540,000	$964,463
10	$600,000	$1,150,193
11	$660,000	$1,359,479
12	$720,000	$1,595,308
13	$780,000	$1,861,045
14	$840,000	$2,160,485
15	$900,000	$2,497,901
16	$960,000	$2,878,110
17	$1,020,000	$3,306,539
18	$1,080,000	$3,789,303
19	$1,140,000	$4,333,294
20	$1,200,000	$4,946,277

呵，因為一年的辛苦總算有獎金回報了。雅雯只是個行政助理，對於公司的業績成長並沒有直接的貢獻，因此每年的年終獎金通常都只有幾千元，我雖然不滿意，但也只能接受，因為行政工作本來就只是個基層的工作。

雅雯有個習慣，就是每月領薪水，一定買中鋼股票，這是雅雯媽媽的建議，她說：「不要把錢存銀行，有點小錢就買股票存著。」所以雅雯的理財方式就是：「存股票」。

過了幾年後，雅雯手上的中鋼股票已經累積到了100張，她每年可以從中鋼領到約25萬至30萬的股息股利，雅雯等於為自己賺到了屬於自己的年終獎金，而且還不用像業務部一樣，整日為業績打拼。雅雯打算繼續累積手上的中鋼持股，她希望在50歲前累積到300張中鋼股票，如此一來，她每年就有約100萬的股票收入，她也可以好好規劃自己的退休生涯了。

知識就是力量

上班族的生命其實一直被金錢所掌控，我們必須努力上班工作，不然我們無法賺取生活上的花費。我們更要保持健康，因為一旦生病了，除了醫藥費之外，我們大多數的薪水還會因此暫停給付，因此上班族就像是金錢的奴隸一樣，把自己的生命蠟燭，完全是燃燒在工作上頭。

創業、房地產和股票投資，是我所建議的三大投資工具，若能好好運用這三大工具，我們一定可以重新找回對金錢的掌控權。我們可以自己控制收入高低，而不再是由老闆來決定自己的收入。我們也可以想放假的時候就放假，而不是身體不舒服時，為了多賺錢而勉強上班，我們更可以決定我的退休年齡。只要條件許可，我們可以在50歲前就退休，而不是過了65歲的退休年齡，還必須拚老命上班。

當然，除了創業、房地產和股票投資，這世界上還有很多種不同的投資工具，例如期貨、選擇權、債券、黃金、白銀……等投資工具，都能夠幫助我們跳脫上班族的宿命。關鍵還是在於本身的財務知識有多少。

正如我們常常可以聽到的英文諺語：「知識就是力量。」當有一天你有了財務的知識，也等於你就擁有了掌控金錢的力量。

了解風險，再來想利潤

■ 主力退場後，股價不只回到原點，反而更往下探，因此像這種主力小型股，投資人寧可少賺也不要多賠。

在股市這幾年來，發覺每一年的主流股的隔年，這些股票就像是垃圾一樣沒人要，股價走勢好一點的呈現緩跌走勢，悲慘一點的就像自由落體一樣崩跌。

2005年至2006年的主流股

2005年的油價節節高升，投資人聯想到可以找太陽能來當替代能源，因此以茂迪代表的太陽類股紛紛大漲，但是等到石油油價回跌後，投資人才驚覺到太陽能

2005年飆股——茂迪月線圖

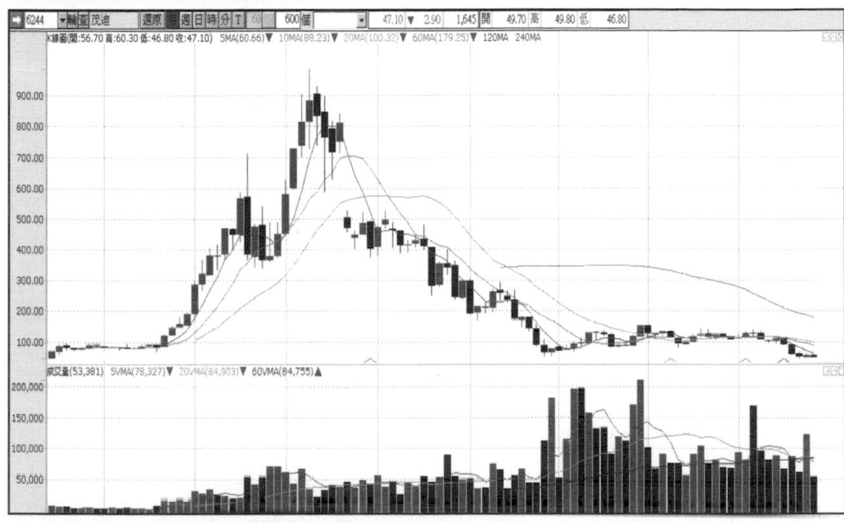

2006年飆股——原相月線圖

本頁資料來源：永豐金E-leader

離替代能源原來還有很長一段距離。2006年日本任天堂公司出了Wii遊戲機，用身體互動的遊戲功能，取代了以往用按鈕式的操作。

而原相因為是相關代工廠商，進而股價也隨著遊戲機大賣而大漲，但等到其他遊戲廠商推出更好的體感遊戲時，Wii遊戲機銷售急劇下滑，原相股價自然也就跟著崩跌了。

2007年至2008年的主流股

2007年時當時的全球股市大好，而當許多人有錢沒地方花時，就會想去賭場求刺激，再加上台灣當時正在熱炒可以在澎湖建立賭場，規模甚至可以超越澳門，可以帶來的商機數千億，因此當年的伍豐等博奕類股，便搭上了那一波的飆漲列車。

後來澎湖居民自行舉辦公投，反對當地設立賭場。伍豐股價開始向下滑落，到了2008年美國金融海嘯發生，全球股市大跌，有錢人的錢變少了，自然也會減少去賭場消費，因此至此伍豐的股價宣告「回不去了」，開始往下崩跌，台灣的博奕夢也正式從這時候醒來了。

2007年飆股——伍豐月線圖

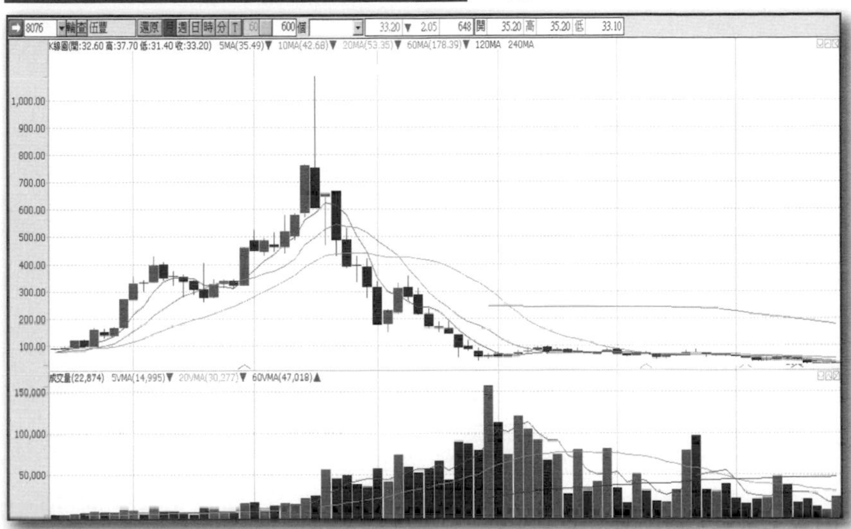

2008年飆股——川飛月線圖

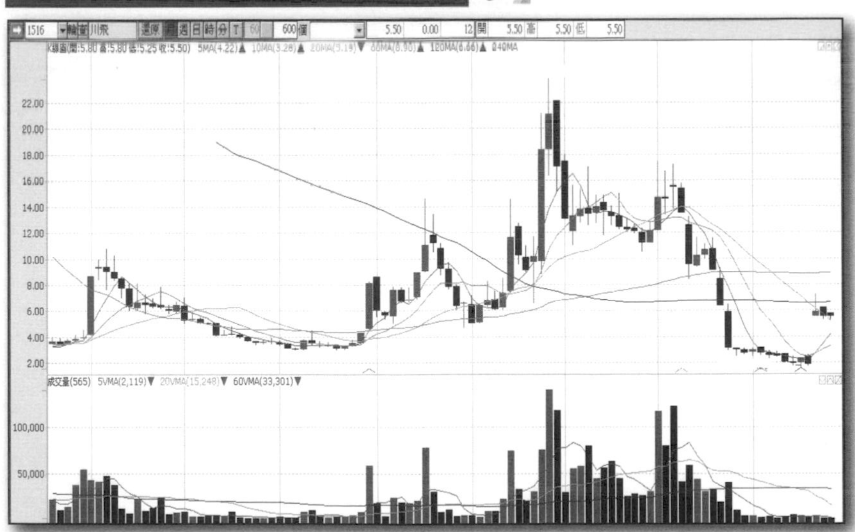

本頁資料來源：永豐金E-leader

2007年底至2008年是美國金融海嘯的爆發年，台股從9859點崩跌至3955點，所有的股票腰斬再腰斬，在這種大空頭的行情中，唯有一些小型股容易可以受到主力的拉抬，逆勢走出一段波段行情。

川飛即是在這樣的背景中，在99%的股票都在下跌時，川飛從10元飆漲至20元，但是等到金融海嘯後，川飛主力也跟著退場，股價不只回到原點，反而更往下探，因此像這種主力小型股，投資人也藥寧可少賺也不要多賠。

2009年至2010年的主流股

2009年台北股市剛剛脫離前一年的金融海嘯，許多投資人都驚魂未定，不敢出門消費，只敢在家上網玩遊戲，結果造就了遊戲股網龍的飆漲。

2010年初，全球股市擺脫了金融海嘯的陰霾，許多股票開始展開大波段的上漲行情，這當中，由於中國大陸的經濟崛起，人民消費力強，而生活必需品便是人民首要採買的商品，因此相關的中概通路股便就此有了想像題材。

2009年飆股──網龍月線圖

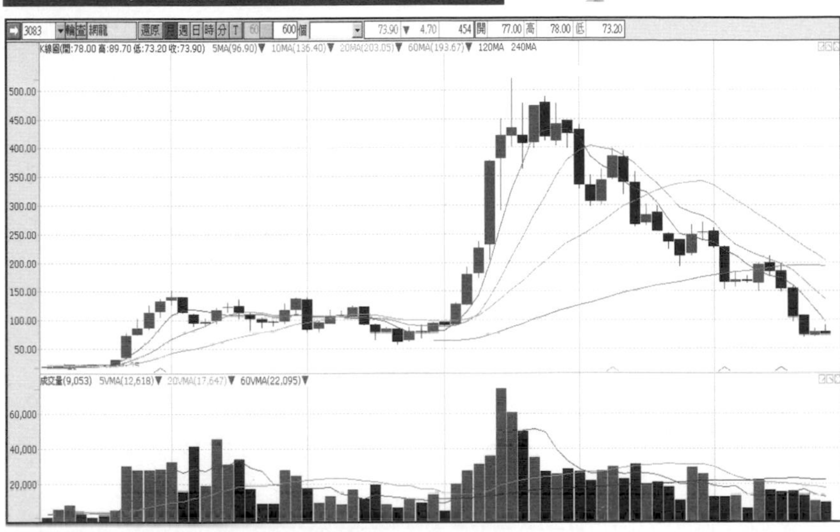

2010年飆股—潤泰全月線圖

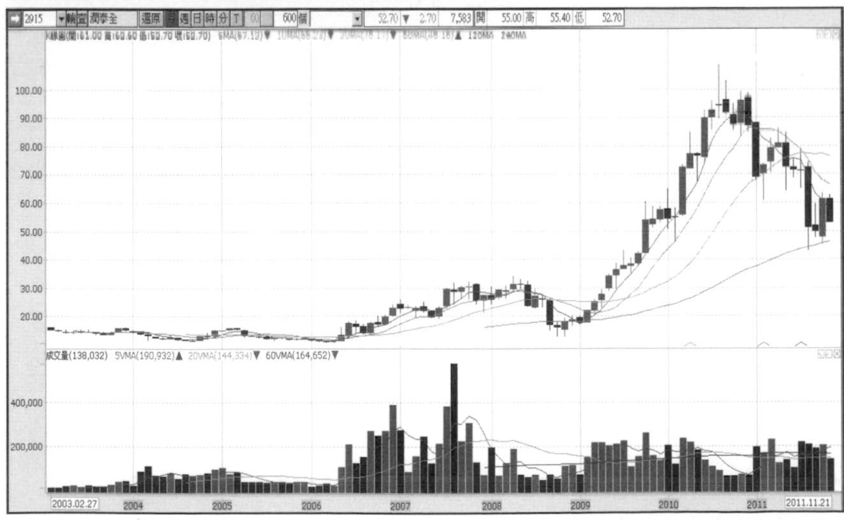

本頁資料來源：永豐金E-leader

潤泰全在大陸的大潤發總是人山人海，而且加上報章媒體的推波助欄，也讓廣大的散戶們認同，因此股價可以從10幾元，一路大漲至100多元，但是當潤泰全股價突破百元時，基本面的營收和獲利卻沒跟上。

造成潤泰全超高的本益比，投資人開始驚醒到，潤泰全的價格有可能被高估了，而從2010年下半年開始，大陸股市開始疲弱，隨後的歐債問題也開始發酵，因此潤泰全的股價也開始崩落了。

風險至上

有次我在收發Email時，有位好朋友寄來了一份網路流傳的順口溜，因為寫得太傳神，我特別轉貼如下：

進入股市者，武松進去，肉鬆出來；寶馬進去，自行車出來；皮大衣進去，三點式出來；老闆進去，打工仔出來；鱷魚進去，壁虎出來；蟒蛇進去，蚯蚓出來；老虎進去，小貓出來；別墅進去，草棚出來；站著進去，躺著出來；牽著狗進去，被狗牽出來；坐火箭進去，坐潛艇出來。

這順口溜第一次看到時，會覺得還滿有趣的，但是再反覆讀幾次，就會領悟到股市裡的確充滿了風險。

我在這一節舉例了2005年至2010年的當年熱門股，就是希望大家在追逐所謂的「飆股」時，要懂得適時停利出場，以免高檔套牢後，從此就只能看著股價一路溜滑梯往下崩跌。

投資小叮嚀！

發覺每一年的主流股的隔年，這些股票就像是垃圾一樣沒人要。

MEMO

第三章

股市新手的基本功

在不景氣時翻身致富

我們目前正身處在貧富差距最大的時代裡，但是我們沒有悲觀的權利，只有選擇致富的義務。

以台灣綜所稅申報來看，2010年家庭平均所得，5%最窮的家庭所得為4.6萬元，5%最富的家庭所得為429.4萬元。貧富差距飆升到了93倍之多。

若再以家庭收支來看，20%最高與20%最低的家庭貧富差距為6.19倍，如此貧富差距懸殊的情況，已經使得台灣人被迫被分類為貧窮的台灣人與富有的台灣人。

最壞的時代，也是最好的時代

作家狄更斯在《雙城記》（Tale of Two Cities）裡形容法國大革命：「那是最好的時代，也是最壞的時代；是智慧的時代，也是愚蠢的時代；是信仰的時代，也懷疑的時代；是光明的季節，也是黑暗的季節；是充滿希望的春天，也是令人絕望的冬天；我們的前途擁有一切，我們的前途一無所有；我們正走向天堂，我們也走向地獄—總之，那個時代和現在是如此的相像，以至於它最喧鬧的一些專家，不論說好說壞，都堅持只能用最高級的形容詞來描述它。」

的確，我們目前正身處在貧富差距最大的時代裡，但是我們沒有悲觀的權利，只有選擇致富的義務。我們不能選擇持續抱怨社會、抱怨政府、抱怨老闆……

我們必須選擇改變自己的態度，抱怨的工作就留給報章媒體去監督。身為平民老百姓，我們必須要在這最壞的時代裡，打造出屬於自己最好的時代。

既然在可預見的未來裡，每個人都將被簡單歸類為富人和窮人，那麼我們就必須從現在開始選擇致富工具，那麼就算以後無法當上家財萬貫的富人，至少在退休時可以存下一筆養老金，不用在為食衣住行所煩憂。

窮人的三大優勢：靈活、槓桿、時間

窮人雖然可投資的資金較少，但是卻能把劣勢換為優勢，富人的投資資金動輒上千萬，因此必須講求低風險的資產配置，每年可賺取個6％至10％的報酬率，對富人來說就可滿足。

窮人的可投資資金一般都在幾十萬左右，因此可以靈活投資在高風險高報酬的商品上，就算賠光了，也只是幾十萬而已，很容易再賺回來。

而若看對一次趨勢，窮人的資金可以呈現倍數翻，讓自己快速脫離貧窮。金融槓桿是窮人可翻身的致富工具，舉凡選擇權、期貨、融資都是可以讓自己的資金放大好幾倍來投資。

只是要成功運用金融槓桿來致富，必須要擁有豐富的投資經驗，甚至要賠過好幾次錢之後才能夠學會。但是只要能夠學會槓桿投資，即使手上只有幾萬元，都可

用小錢滾大錢

每月投資，年報酬率設定為10%			
金額 / 年期	3,000	5,000	10,000
5年	232,066	386,776	780,824
10年	613,129	1,021,882	2,065,520
20年	2,266,324	3,777,206	7,656,969
30年	6,723,872	11,206,454	22,793,253

以在短期內賺到上百萬。某財經網上的投資達人有句座右銘：

「不輸＋時間＝一定贏。」

或許以財富的角度來衡量，很多有錢人富可敵國，但是不管他們再怎麼有錢，富人跟窮人一樣，每天都只有24小時可運用，而且很多富人拚了一輩子經濟，結果到了老年時，反而羨慕起年輕人擁有許多時間可運用。

因此若你是非常年輕的窮人，那麼恭喜你，你擁有了許多時間可以理財，而這些時間，是任何有錢人都無法跟你購買的。

為何要懂技術分析

■ 技術面是投資人最快可上手的股市操作，因為只要看懂K線圖，再根據技術指標來買賣，就可以輕易地成為股市操盤手。

金庸小說裡的《笑傲江湖》是我非常喜歡的一部武俠小說，小說裡的華山派因為內部爭鬥的關係，使得華山派的武功被分為「氣宗」和「劍宗」，兩者之間最大不同在於華山派弟子的武功修練方向。

基本面VS技術面

劍宗強調劍法招術的熟稔活用，以氣輔劍，代表功夫是「獨孤九劍」，氣宗剛好顛倒，以劍輔氣，強調氣為主劍為輔，代表功夫則是「獨孤九劍」則是紫霞神功，《笑傲江湖》的主角令狐沖本來是以修行氣宗為主，但是後來因傷關係，全身內力殆盡。

這時剛好遇到劍宗太師叔風清揚，得蒙傳承「劍魔」獨孤求敗的絕學獨孤九劍，從此即使令狐沖沒有內力，依然可以高超的劍術笑傲江湖。

無獨有偶的，在股票市場裡的投資策略也分為兩派，一派為基本面分析，一派為技術面分析，跟華山派「氣宗」和「劍宗」一樣。

基本面分析者和技術面分析者經常是看不對眼的，都各自認為自己的股市分析方法才是對的。基本面分析者注重財部報表的變化。因此每月公司一公布營收時，便是觀察是否財務面出了問題，每年的季報、半年報、年報的公告時刻，更是一點都不能錯過。

更有甚者，還會拼命探聽公司的內部人員，希望可以得知最新的接單消息，進而掌握住最新的基本面變化。《笑傲江湖》裡的令狐沖，即使學成了獨孤九劍，後來還是因緣得到龐大的內力，使得自己的武功不斷精進。本書雖是以技術面分析的角度，來探討股價漲跌與技術指標間的關係，但是我並不否定基本面的分析方式，甚至在完成此書之後，我的下一本書即使以財報的分析當主軸。

因為我認為基本面和技術面兩者是可以相輔相成的，投資人若想從詭譎多變的股市裡勝出，一定要在基本面和技術面兩方面持續學習，如此才能在股市裡大賺小賠，最後獲得自己夢想中的財富。

最快速入門的股市操作

技術面是投資人最快可上手的股市操作，因為只要看懂K線圖，再根據技術指標來買賣，就可以輕易地成為股市操盤手，相對於看懂財務報表來說，股市技術面方便又簡單，從小孩到老人都可輕易學會。

只是看似容易入門的技術面，離獲利還是有一段距離，最主要的原因就是技術指標容易鈍化。

而且若處在盤整區間時，技術指標的準確性更趨近於零，因此若是完全照著指標進出，光是買賣的手續費就夠驚人了。即使如此，技術指標對於大趨勢的關鍵轉折點還是有一定的參考性，最大的好處是可以避開股價大波段的下跌。

舉例來說，我在2011年4月7日《蘋果日報》財經版看到斗大的標題：**上季每股估賺17元，宏達電站上1,200元**。為了紀念宏達電站上千元，我還留有當初的剪報如下：

上季每股估賺17元
宏達電飆上1200元

【陳建彰／台北報導】宏達電（2498）將在8日公布3月營收及第1季財報，法人預估，首季每股純益有17元實力，且第2季營收可續創新高，昨股價站上1200元，逼近1220元天價，市值逾9800億元，超越NOKIA（諾基亞）、RIM等手機大廠，短期有機會成為第3檔市值逾兆元的電子股。

本季營收獲利估新高

宏達電第1季營運淡季不淡，單季發表的新機種超過10款，包括多款3G（3rd Generation，第3代行動通訊）及4G智慧型手機，隨著3月起新機陸續鋪貨，可望進一步推升營收，挑戰1月的350億元水準，第1季業績超過千億元。

若以毛利率29.5%、營業費用率14.5%推估，宏達電首季獲利有150億餘元水準，稅後純益超過135億元，以目前股本81.76億元計算，每股純益上看17元；至於第2季在新機大量鋪貨，配合首款平板電腦Flyer上市，將對營運帶來甚大助益，法人預估，宏達電第2季營收、獲利都將改寫新高水準。

高盛：目標價1400元

在業績題材激勵下，宏達電昨大漲60元，站上1200元，距離2006年5月4日的1220元歷史天價，只差一步之遙，換算市值高達9812億元，已超越手機大廠NOKIA及RIM，在智慧型手機廠商中僅次於蘋果及三星，短線市值有機會挑戰兆元關卡，成為台積電（2330）、鴻海（2317）之後，國內第3檔市值逾兆元的電子股。

高盛證券認為，宏達電手機市佔率成長動能優於預期，預估今年、明年每股純益高達93.35元及129.41元，重申買進評等，目標價達1400元。

■宏達電在新機陸續鋪貨下，Q1營收可突破千億元，第2季將新高。 張界聰攝

資料來源：蘋果日報

若是以基本面來看，當時報章媒體一致看好宏達電的業績將會大成長，因為宏達電當時繳出了非常漂亮的財務報表，沒有任何理由和跡象看壞它，。

不過若以技術面來看，宏達電在2011年4月29日股價站上最高點1300點後，周K棒開

基本面與技術面的多空因素表

	項目	利多因素	利空因素
基本面	國內外景氣環境	轉好、繁榮	轉壞、蕭條
	投資開放程度	採取自由經濟政策	採取保護主義政策
	原物料價格	原物料價格下跌	原物料價格上漲
	工資升降	基本工資下跌	基本工資上升
	產品價格	售價上漲，獲利上升	售價下跌、毛利下降
	營收業績	屢創新高	逐漸衰退
	匯率	台幣升值、進口廠商受惠	台幣升值，出口廠商匯兌損失
技術面	技術指標	黃金交叉	死亡交叉
	量價關係	價漲量增	創新天量，股價反向下跌
	股價型態	底部成形，季線上升	頭部成形，季線下降

始節節下跌。2011年5月20日週KD和週MACD同步死亡交叉，6月10日時，10週平均線跌破20週平均線結果股價就呈現大跌小漲走勢，從此之後宏達電再也看不到1,000元了。

宏達電周線圖

資料來源：永豐金E-l

認識K線圖

■ K線圖是技術分析使用最多的圖像類型，它反應了一段時間內，多方和空方的買賣差距，並以柱狀圖呈現，分別代表了開盤價、收盤價、最高價、最低價的狀況。

K線圖的畫法可分為美國式柱狀和日本式柱狀，美國式柱狀只標註最高價、最低價和收盤價。

而日本式柱狀則是要標註開盤價、收盤價、最高價和最低價，若收盤價比開盤價高，通常以紅色呈現，若收盤價比開盤價低，通常以黑色呈現（本書以黑色呈現）。

美國式K線圖

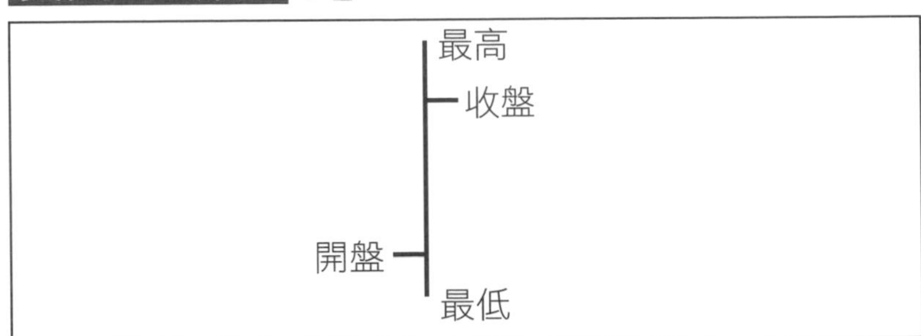

日本式紅K線圖

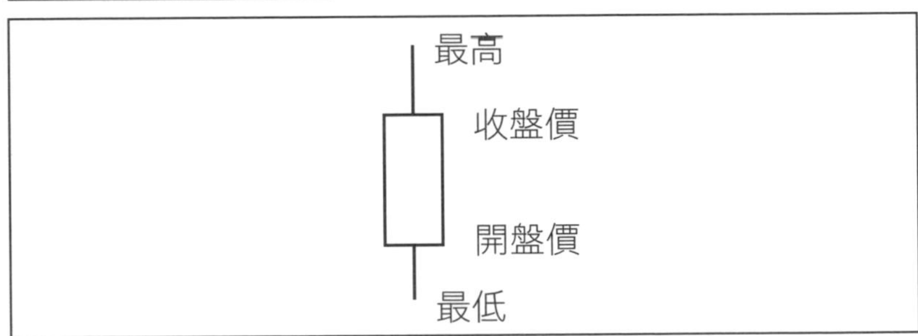

日本式黑K線圖

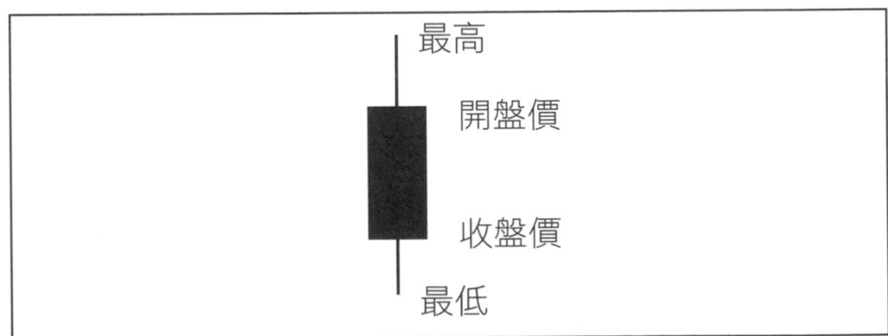

八種常見的K線符號

圖示	說明
	紅K（陽線） 股價之收盤價高於開盤價，通常以紅色表示，市場慣稱「收紅」。
	黑K（陰線） 股價之收盤價低於開盤價，通常以黑色表示，市場慣稱「收黑」。
	帶下影線的紅K或黑K 不論是紅K棒還是黑K棒，如果你在它的下方看到一條細線，這條細線即稱為下影線。下影線愈長，表示買方的力道愈強。
	帶上影線的紅K或黑K 同理，如果你在K棒的上方看到一條細線，這條細線即稱為上影線。上影線愈長，表示賣方的力道愈強。

圖示	說明
	無上下影線的紅K或黑K 並不是每一個K棒都一定會有上、下影線，如果碰到沒有上下影線的紅K棒，意味著開盤價即為當天股價之最低價，收盤價為最高價，顯示當天買盤的力道非常強勁；而無上下影線的黑K棒，意即開盤價為當天之最高價，收盤價為最低價，顯示賣壓沈重，當天買進這支股票的投資人全部都賠錢。
	十字線 如果出現十字線，即代表當天之開盤價等於收盤價，通常意味著股價出現變盤的訊號，至於是變好或是變壞，可以從上影線與下影線的長度來判斷多空力道的強弱。
	一字線 如果出現一字線，代表著當天股價從頭到尾都是一個價位，所以沒有上下影線，通常只有在跳空漲停或跌停時，才會出現，因此，也代表著投資人極度看好或看壞這支股票。
	T字線、倒T字線 T字線代表著開盤價不但是收盤價，同時也是當天的最高價，意味著這檔股票雖然在盤中一度下跌，但下跌時買盤強勁，最後將股價推升到最高點；而倒T字線剛好相反，意即股價一度上揚，但上揚時卻碰到沈重的賣壓，最後把股價跌過到起點，因此，後續表現下跌的機率頗高。

當天收盤價若高於開盤價，以紅K線表示

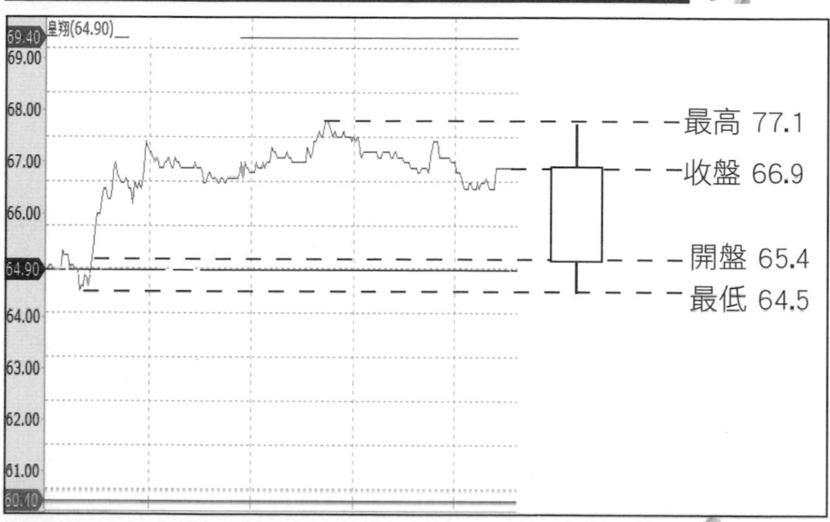

當天收盤價若低於開盤價，以黑K線表示

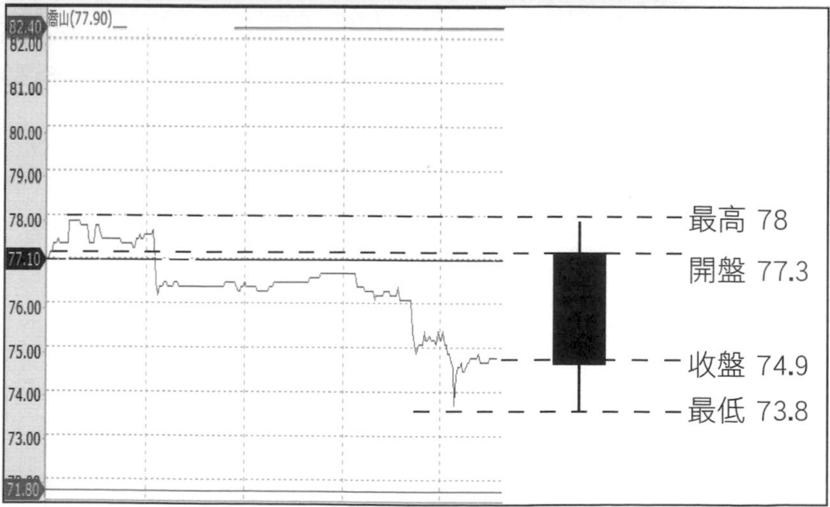

永豐金江波圖

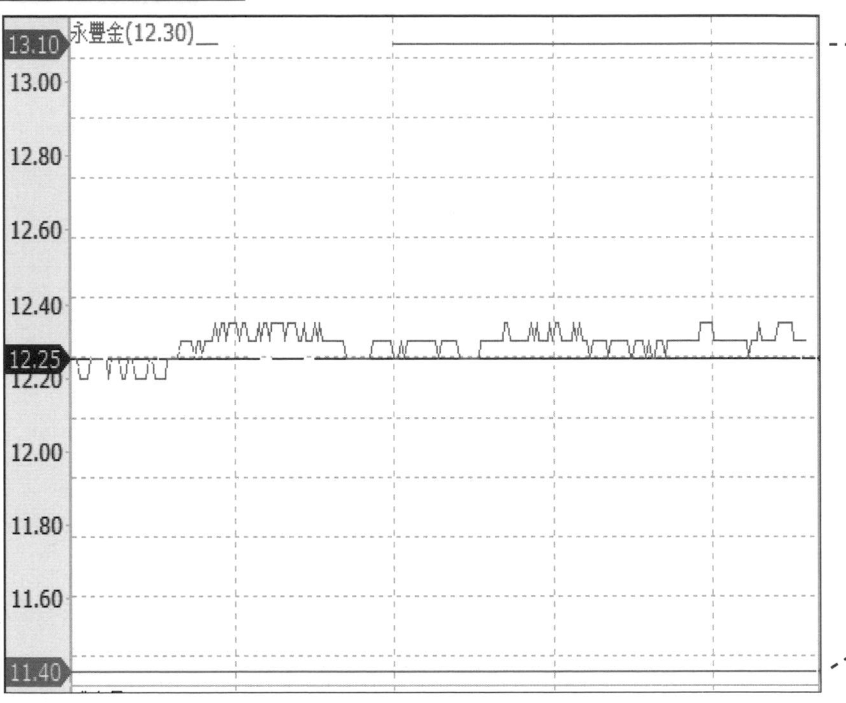

日線、週線、月線的形成

每日股價的江波圖會成為一個紅K或黑K，將每日將波圖集合而成，則形成日線圖，週K線是指以週一的開盤價，週五的收盤價，全周最高價和全周最低價來畫的K線圖。月K線則以一個月的第一個交易日的開盤價，最後一個交易日的收盤價，和全月最高價與全月最低價來畫的K線圖。

將每日江波圖畫為紅K或黑K，則形成日線圖

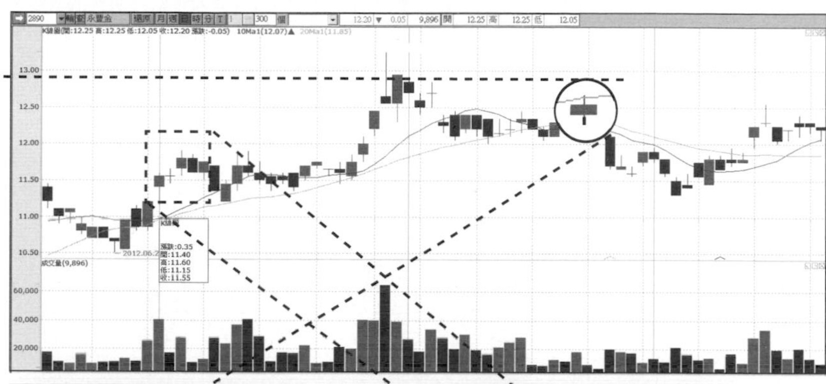

將每7日的漲跌起伏畫為紅K或黑K，則形成週線圖

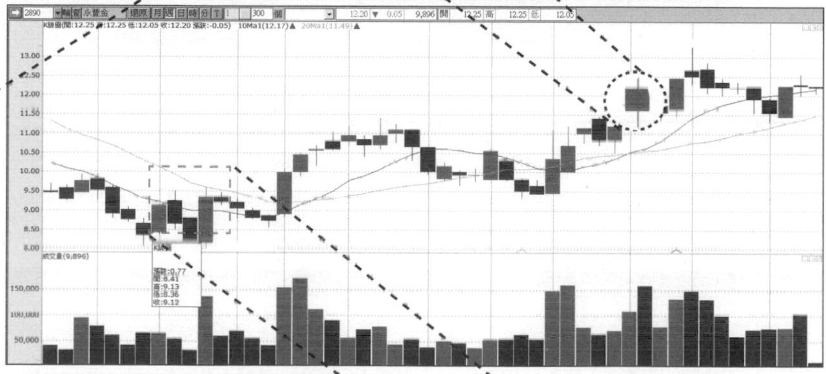

將每4週的漲跌起伏畫為紅K或黑K，則形成月線圖

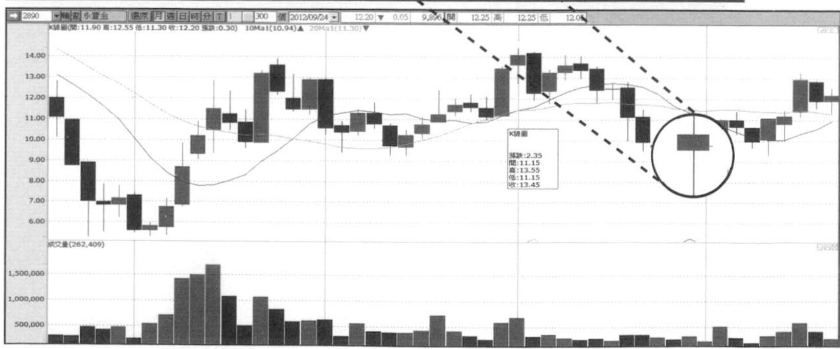

3 Chapter

技術分析的投資策略

■ 投資人若照著指標買賣的話，往往被多空兩頭巴，而要提高勝率的方法，即是把觀察的週期再拉長。

本節略述技術分析的基礎，在第二章會有更完整的敘述，假如你已經是投資股市的老手，可以直接跳過本節，直接閱讀第二章，若是股市新手，那麼一定要了解技術面與股票之間的關係。

供需關係

一家公司財報上的淨值是由資產負債表上得來的，但是每天股票漲跌的價格，代表著投資者對這家公司短期內的價值走向，例如一家公司的淨值是90元，照理來說股價合理價格應該為90元。若投資人對這家公司的未來看好，造成買盤不斷進駐，股價便會節節上升，股價有可能漲至180元、270元、360元……。

只要買方的力道持續高過賣方，那麼股價的漲勢就不會中斷，反之，若賣方的力道高過買方，那麼這家公司即使淨值為90元，也有可能股價會腰斬再腰斬，這便是技術分析裡最注重的股票「供需關係」。

價量關係是從股票供需關係所衍伸出來的技術分析，在多頭走勢時，多方不斷買進造成成交量持續上升，也推動股價持續上漲，在空頭走勢中，空方不斷賣出和觀望，使得成交量持續萎縮，也會使得股價欲振乏力，持續往下探底。投資人要學會技術分析的第一課，便是要搞懂成交量與股價之間的關係。

投資人的心理

從技術面不只可以看出股市目前處於歷史低檔區或歷史高檔區，更可以從中發掘出投資人的心理狀態。舉例來說，2007年5月時，當時我在某家證券商看盤，那時

1998年至2014年台北股市月線圖

上市 001 輪查 加權 月 週 日 時 分 1 200 個 8391.05 ▲

K線圖(開:8,290.17 高:8,397.49 低:8,230.46 收:8,391.05 漲跌:-71.52) 10Ma1(8,294.27)▲

10,000.00
9,000.00
8,000.00
7,000.00
6,000.00
5,000.00
4,000.00

交易金額(2,745.92) 5MA(14,274.59)▼ 20Ma1(15,659.11)▼ 60Ma1(21,043.59)▼

50,000.00
40,000.00
30,000.00
20,000.00
10,000.00

圖片來源：永豐e-leader

整個營業大廳擠滿了人，甚至還有一位媽媽帶著約10歲左右小孩子來教他如何看盤，看到這畫面令我想到了華爾街傳說中的「擦鞋童理論」。

當時大盤股價節節上升，正來到了近10年的高檔區，投資人的心理也充滿了貪婪，幾乎所有人都認為大盤即將漲破萬點。

但是我從成交量來看，當時每日的成交量都在1800至2000億之間，甚至有幾天的單日成交量還突破3000億，以技術面來說，這已經是成交量過熱的警訊。果然後來2007年底美國爆發了金融海嘯，從2008年5月開始，全球股市面臨大修正，台灣股民的萬點夢終於醒了。

到了2009年初，台股從9859點跌至3955點後，每日成交量非常低迷，有很多天都低於400億，這代表許多投資人不只賠錢和套牢，有更多人因此而離開股市，不想在買賣股票了。

但從技術面來看，這時的股價已經跌至10年來的低檔區，在4000點以下買進是一個風險極低的投資，果然大盤後來出現報復性上漲。

2008年至2011年大盤日線圖

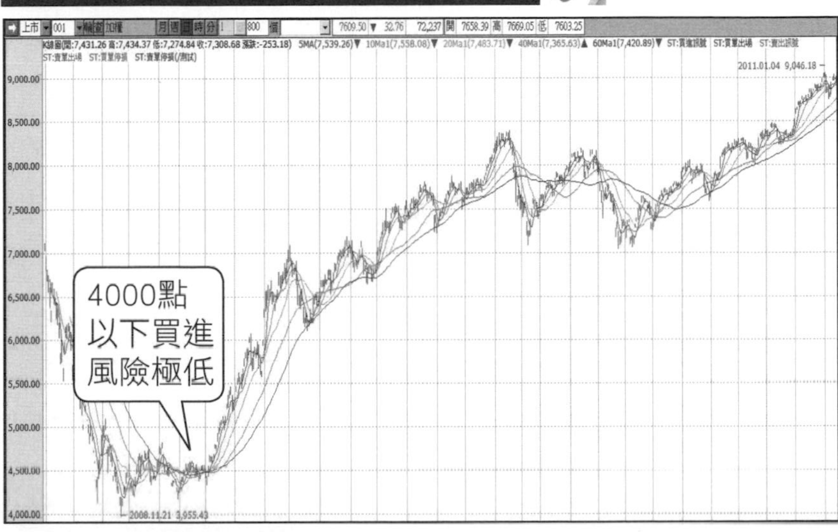

2409日線圖

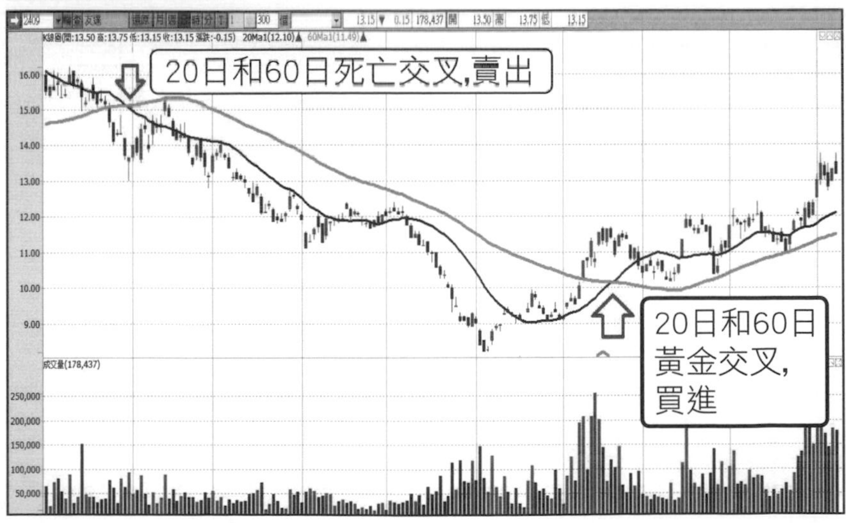

從2009年的4000點低檔區，一直漲至2010年的9000點高檔區，從股價的技術面來判斷投資人的心理面，由此得到最好的印證。

漲跌趨勢

把一段時期內的股票加以平均計算後，可以得知這段期間內買賣股票的人平均成本，再觀察不同時期的平均成本走勢，推斷投資人的投資操作，進而可以得知未來一段時期股價漲跌趨勢。

從月線圖可以輕易看出股價長期的低檔和高檔

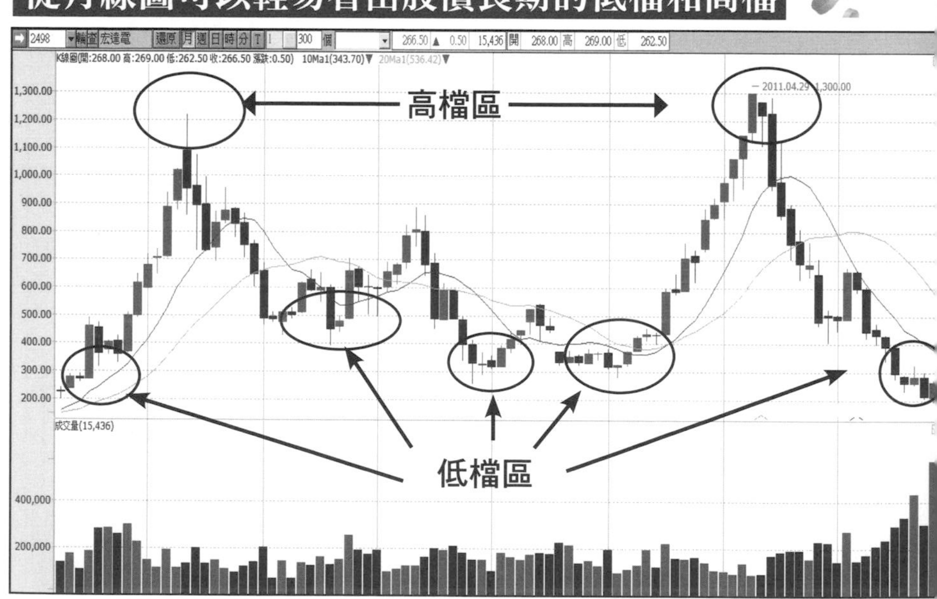

資料來源：永豐金e-Leade

黃金交叉的成功例子

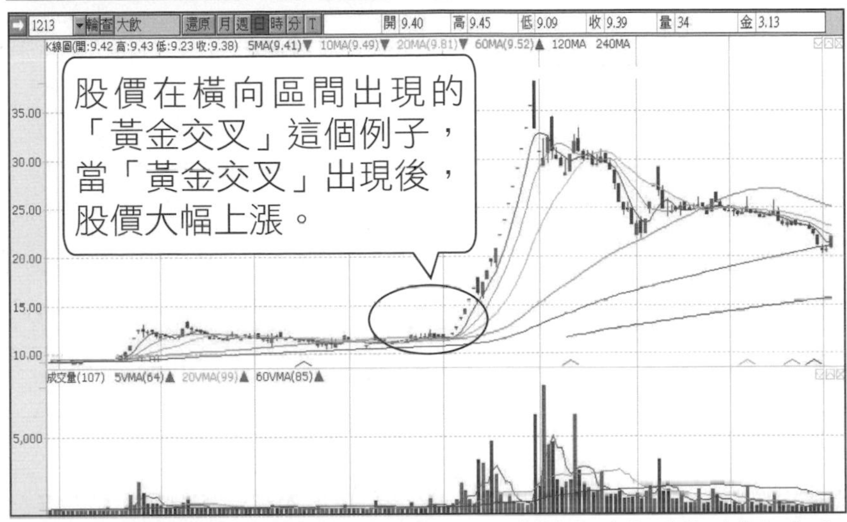

資料來源：大飲日線圖、永豐金e-Leader

黃金交叉的失敗例子

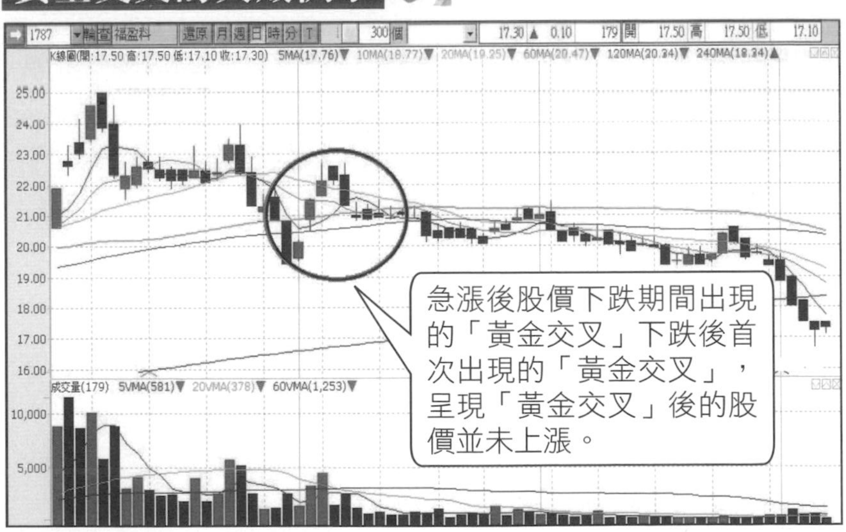

資料來源：福盈科日線圖、永豐金e-Leader

舉例來說，20日的移動平均線稱為月線，60日的移動平均線稱為季線，當月線走勢往上突破季線時稱為「黃金交叉」，代表股價未來將會有一段漲勢，反之當月線跌破季線時稱為「死亡交叉」，代表股價即將展開一段跌勢。

以上三種是最基本的判斷股價趨勢的方法，但是在操作實務上卻是複雜許多，尤其遇到盤整區間時，技術指標往往今天出現「黃金交叉」，隔天又出現「死亡交叉」。

這時投資人若照著指標買賣的話，往往被多空兩頭巴，而要提高勝率的方法，即是把觀察的週期再拉長。以K線圖來說，日線圖因為計算天期較短，因此指標經常出現「黃金交叉」或「死亡交叉」。

但是若拉長至周線圖或月線圖，那麼往往在好幾周甚至好幾月內，指標才會出現交叉。這時投資人便可以久久來判斷一次買賣，不只大大降低頻繁交易的成本，更可以大幅提高獲利的機率。

第四章

K線圖技術分析

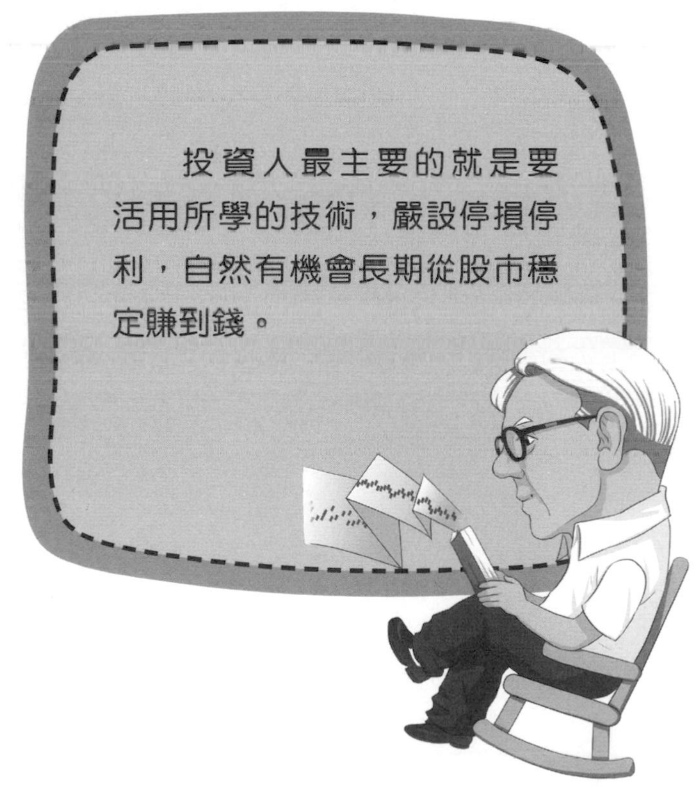

教你看懂K線圖，的基本功

■ 我們從K線圖中，就可以從股票的實務面上，輕易的比較買賣雙方力量的消長。

技術分析主要是根據過去的股價資料，不只分析過去的走勢，並藉此來預測未來的趨勢，在股票實務上，學會技術分析就等於讓自己在股海中，有個明確的「股市GPS」。

想學會股市的技術分析，就要先從K線圖開始學起，K線圖就是將各種股票每日、每周、每月的開盤價、收盤價、最高價、最低價等漲跌變化狀況，用圖形方式表現出來。

K線又稱陰陽線、棒線、紅黑線或蜡燭線，起源於日本德川幕府時代的米市交易，當時是用來計算米價每天的漲跌，後來把計算的概念引進股票市場，作為股票價格的分析走勢。

股票買的人多就會漲，賣的的人多就會跌，而從K線圖中，就可以比較買賣雙方力量的消長，市場主力的動向以及股市中漲、跌、盤等三種基本行情的變化。

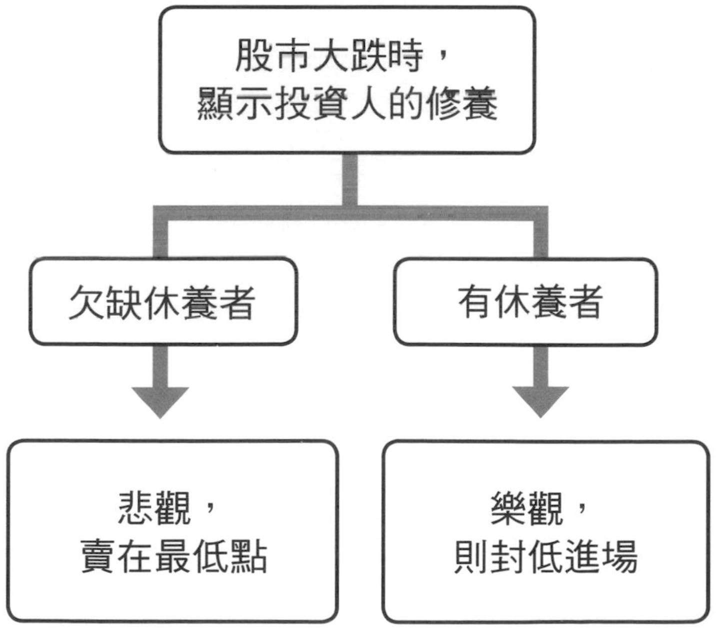

K線圖經過這麼多年的統計、分析、整理後，會呈現著一定的規律性，即某種圖形可能代表著某種市場行情，在出現了某種圖形組合後，有可能會出現某種新的走勢。

不過K線圖也往往受到多種非經濟因素的影響，所以不要預期它對股價有百分百的準確性。在運用K線圖時，一定要加入自己的想法，並且與其他多種技術指標結合起來，再來進行分析和判斷，最後做出買賣的決定。

如何活用K線圖

K線的應用就像觀察氣象一樣，必須具備基本的概念，才能提高預測的準確性，因此一個好的股票投資人，也可以說是一個好的股市氣象家。提高預測K線圖的準確性，投資人平常就要培養以下4個基本能力：

第一要觀察的是全球的經濟數據，例如目前美元利率、國際油價、台幣匯率的變化，都會間接和直接地影響股價的變化，因此投資人要不定期關心這些經濟數據的變化。其次，政治情勢也會影響到股票的走勢，例如現在的那個國家的政治發生政黨輪替，通常股價都會有

複習K線圖

圖　形	最高 收盤價 開盤價 最低	最高 開盤價 收盤價 最低	最高 收 最低
名　稱	陽線	陰線	十字線
表示法	以紅色實體柱表示	以黑色實體柱表示	以十字線表示
股價強弱	股價強勢	股價弱勢	股價強弱不明
收盤價與開盤價狀況	收盤價 高於開盤價	收盤價 低於開盤價	收盤價 等於開盤價
無 上影線情形	最高價等於收盤價時，無上影線。	最高價等於開盤價時，無上影線。	最高價等於開盤價時，無上影線。
無 下影線情形	最低價等於開盤價時，無下影線	最低價等於收盤價時，無下影線	最低價等於開盤價時，無下影線

巨幅的波動。最明顯的例子便是2004年319槍擊事件，造成台股的重挫，另外，如戰爭和政治的影響也是必須納入考量。

企業的基本面是影響一家公司股票的長期趨勢，所以若是投資個股的投資人，應該注意的是這家公司的資本額、發行股數、增資額度、企業的合併等情形，把自己當成企業的經理人來看待，自然可以掌握住這家公司股價的波動。

最後投資人要懂得，就是股市目前人氣如何，假設國外股市行情走勢走空，那麼連動到國內的行情自然不會太好，而大盤成交量的多寡、融資餘額的增減度，也都可以判斷目前K線是處於高低檔。

活用K線的四面向

（1）全球經濟數據：利率、油價、匯率。

（2）政治情勢：國際局勢、戰爭條款、政治政策。

（3）企業的基本面：資本額和發行股數、增資額度、企業的合併。

（4）股市人氣度：國外行情走勢、大盤成交量的動向、融資餘額的增減度。

使用移動平均線，的設定方法

■ 平均線可反映股價之或上升或下降趨勢。

移動平均線是利用統計學上 moving average 的方式計算而得來。最常見的有5 日、10日、20日（月線）、60日（季線)、144日（半年線）、288日（年線）。

以日期為橫軸，5日股價平均所求得的數字點於Y軸上對應畫圖，即可畫出5日平均線；同理，可畫出10日均線等，觀察其圖形可發現，平均線可反映股價之或上升或下降趨勢，且平均日數愈少，趨勢反映愈靈敏。

常用的移動平均線

對於平均線的設定，每個人有不同的設定方式，例如有人習慣設季線為72日，也有人設為60日，我自己的移動平均線有時還會設為55日。

以5日線為例，計算方式為

日期	1/1	1/2	1/3	1/4	1/5
當日收盤價	10	11	12	11	13
5日股價平均	1/1日至1/5日的股價平均線為 （10+11+12+11+13）÷5＝11.4				

平均線的設定其實是給自己一個參考的指南，關鍵在於股價突破或跌破平均線時，投資人是否按照既定的紀律執行。

跌破均線要懂得停損，漲過均線要勇敢買進

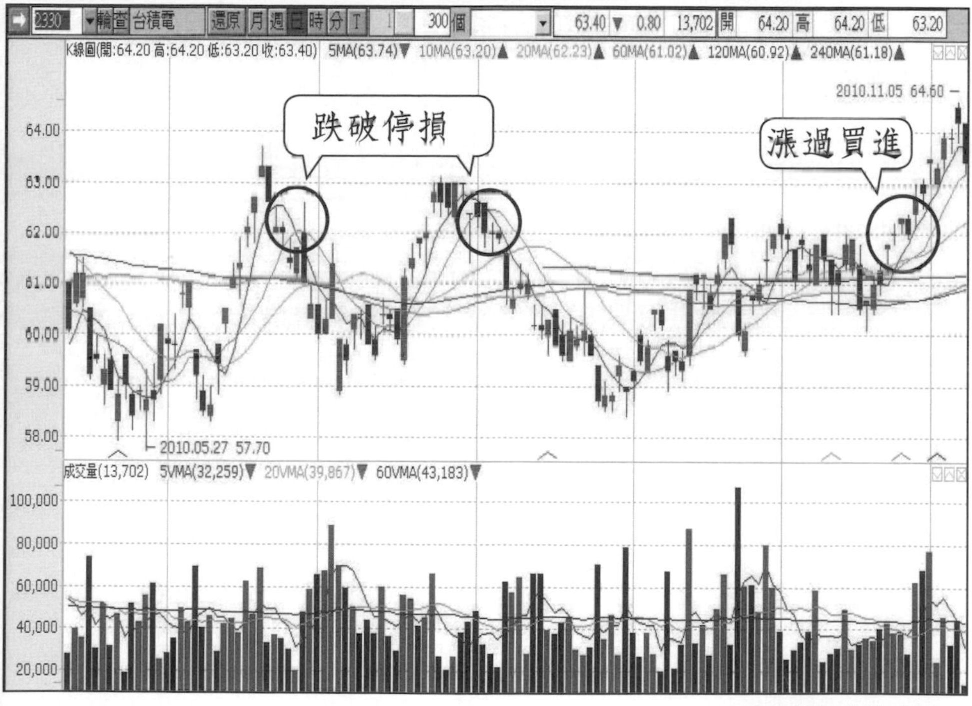

跌破停損

漲過買進

圖片來源：永豐e-leader

葛蘭碧八大法則

■ 買賣也可以說是一種藝術，葛蘭碧是目前最普遍的技術分析方法，把藝術科學化。

葛蘭碧八大法則的運作，是利用價格與其移動平均線的關係作為買進與賣出訊號的依據，它認為價格的波動雖然具有某種規律性，但移動平均則代表著趨勢的方向性。

當價格的波動偏離趨勢時，未來走勢將會朝趨勢方向修正，所以發生偏離時，就會產生一個買賣訊號，若趨勢在加速發生時，亦可預期未來乖離將會擴大，因此乖離也可以作為一個觀察指標，移動平均線是較長期的價格發展線。因此相較於價格線而言，移動平均線具有一種趨勢的概念，且平均的日期越大，所代表的時間刻度就越大，當趨勢發生改變時，長天期的趨勢線還沒有感受到時，價格將會先反應。

在這個時候，價格線將與移動平均線發生交叉現象，代表著趨勢改變的意義，因此價格與均線的關係亦是觀察指標。葛蘭碧八大法則是以價格和均線的關係，作為買進與賣出股票的依據。我以20日均線為例，把葛蘭碧8大法則歸納為以下幾點：

買點：

❶股價往上突破20日均線，並且20日均線開始翻揚。
❷股價暫持跌破20日均線，20日均線持續上升。
❸股價沒有跌破20日均線，20日均線持續上升。
❹股價開始從谷底接近20日均線，20日均線持續上升。

賣點：

❶股價跌破20日均線，20日均線開始下降。
❷股價長期處於20日均線下方，反彈至20日均線附近。
❸股價無法突破20日均線，20日均線持續下降。股價已經大漲一段，即將回測20日均線。

葛蘭碧8大法則

1 買進，因股價往上突破20日線，月線持續上升。

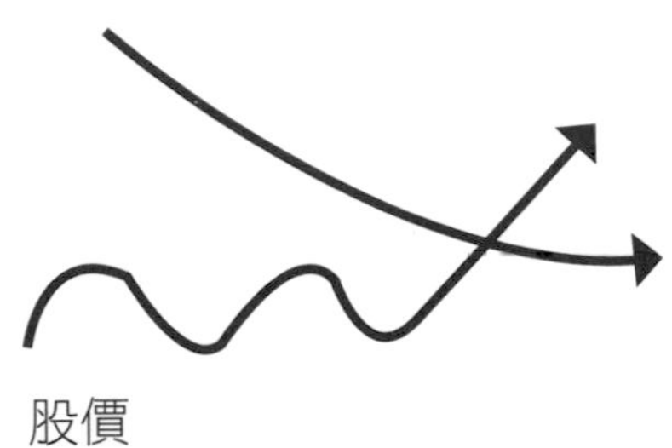

2 買進，雖股價跌破20日線，但20日線持續上升。

3 買進，股價回測20日線，20日線持續上升。

4 買進，股價持續接近20日線，20日線持續上升。

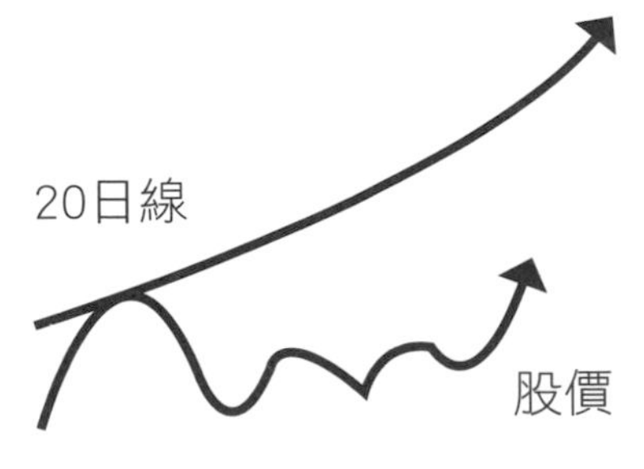

5 賣出，股價跌破20日線，20日線持續下降。

6 賣出，股價長期處於20日線下方，20日線持續下降。

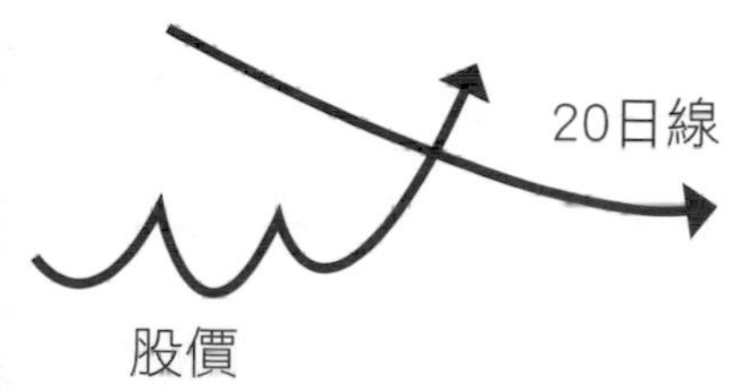

7 賣出，股價無法突破20日線。

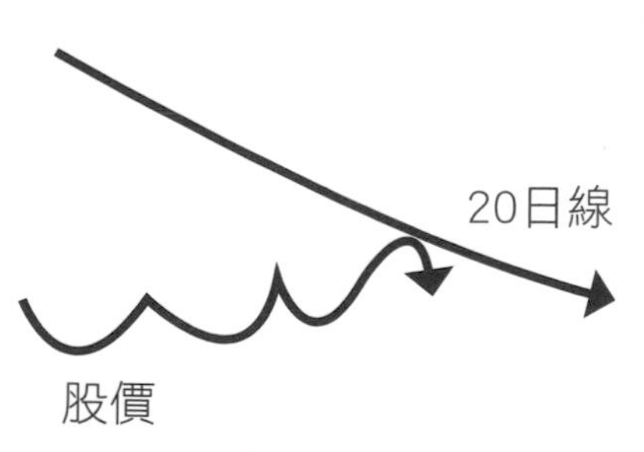

8 賣出，股價股價大漲一段後，雖20日線持續上升，但宜賣出觀望。

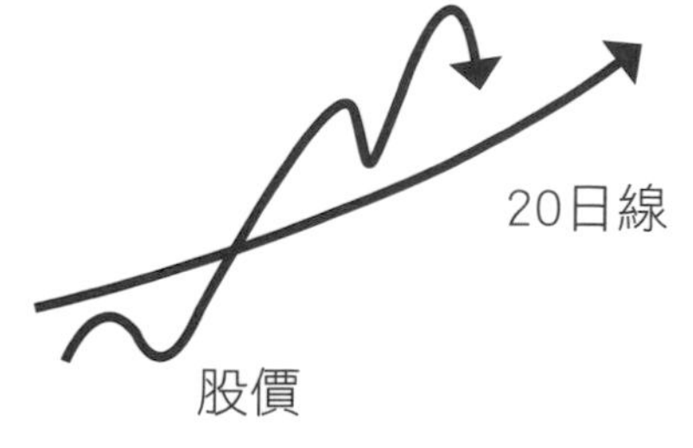

懂6種量價關係，就夠了！

■ 股票價格漲跌通常是根據投資人的買賣力道強弱而產生變化的結果。

你一定經常聽到「股市目前量能不足，因此盤整了這麼久，若要上漲，那麼成交量應該持續放大才行」。或是有分析師說：「目前量價背離了，小心股價會開始回檔修正。」你一定很想知道：「到底量價的關係是甚麼？」俗話說：「新手看價，老手看量」。

意思就是投資老手通常是以成交量來配合輔助觀察股市行情，成交量與股價趨勢的關係大致會有以下九種狀況：

第一、股票價格隨成交量的遞增而上漲，為市場行情的正常情況，此種量增價漲的關係，表示股價將繼續上升。

第二、在一個波段的漲勢中，股價隨著遞增的成交量而上漲；價格經過回檔後再繼續上升，突破前一段的高點另創高峰，但是此波段的成交量水準卻低於前一個波段的成交量，表示此波段價格漲勢動能不足，趨勢可能即將反轉。

量價搭配得宜，股價持續上漲

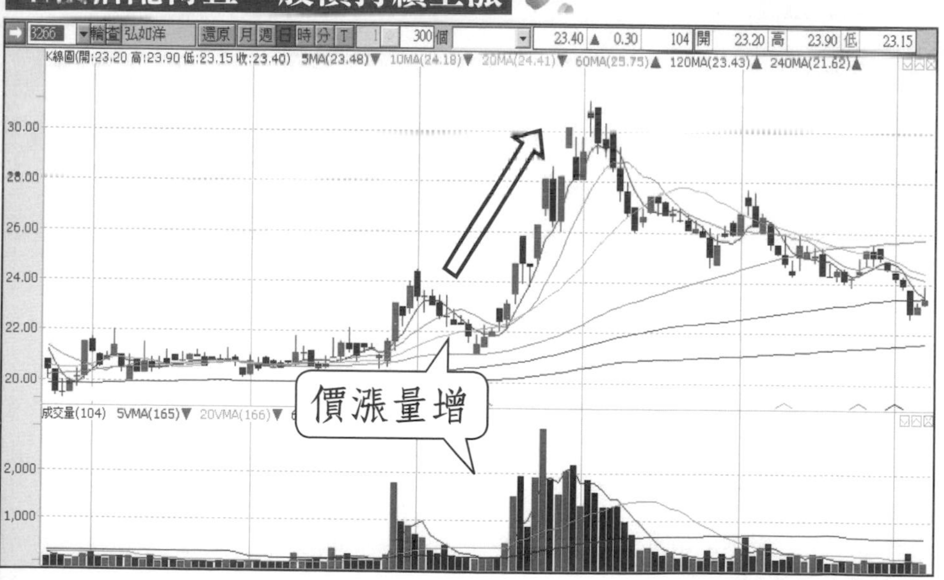

圖片來源：永豐e-leader

第三、股價隨著成交量的遞減而下跌，中途價格雖有反彈，但成交量依然不見增加，繼續萎縮，這代表弱勢反彈，股價將繼續下跌。

第四、有時股價隨著緩慢遞增的成交量，而逐漸上漲；走勢突然呈垂直上升的噴出行情，成交量急遽增加，量價暴漲；緊隨著成交量卻又大幅萎縮，同時股價急速下跌；這種現象表示漲勢已到末期，顯示多頭趨勢即將結束。

股價上漲，量沒跟上來

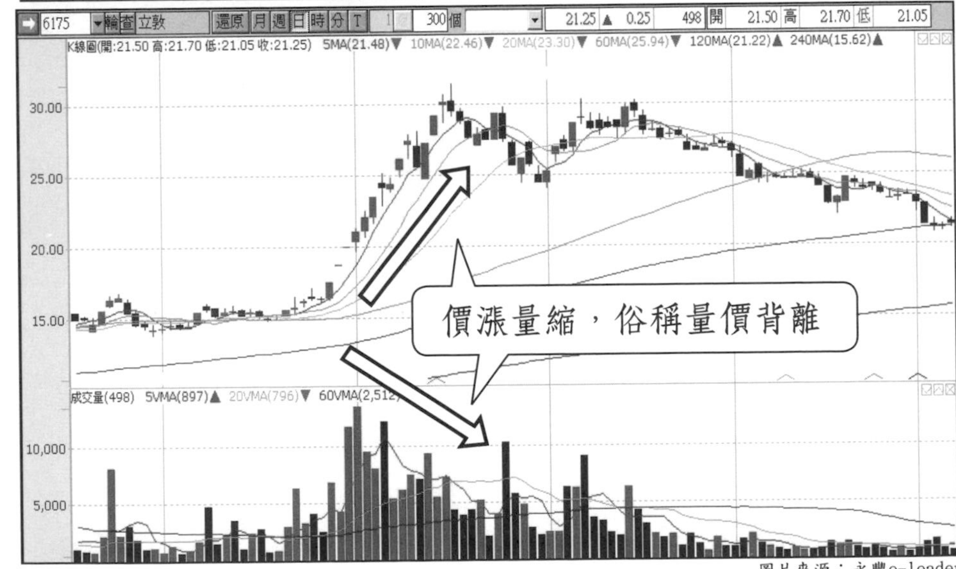

圖片來源：永豐e-leader

第五、在一波段的長期下跌形成谷底後，股價回升，成交量卻沒有隨股價上漲而遞增，股價上漲乏力，然後再度跌落先前谷底附近，當第二谷底的成交量低於第一谷底時，則是股價將要上漲的訊號。

第六、股價往下跌落一段相當長的時間，然後出現恐慌性的賣出，此時隨著日益擴大的成交量，股價大幅下跌，繼恐慌賣出之後，預期股價可能上漲，同時恐慌

買賣遲遲無法成交，價格就會越來越低

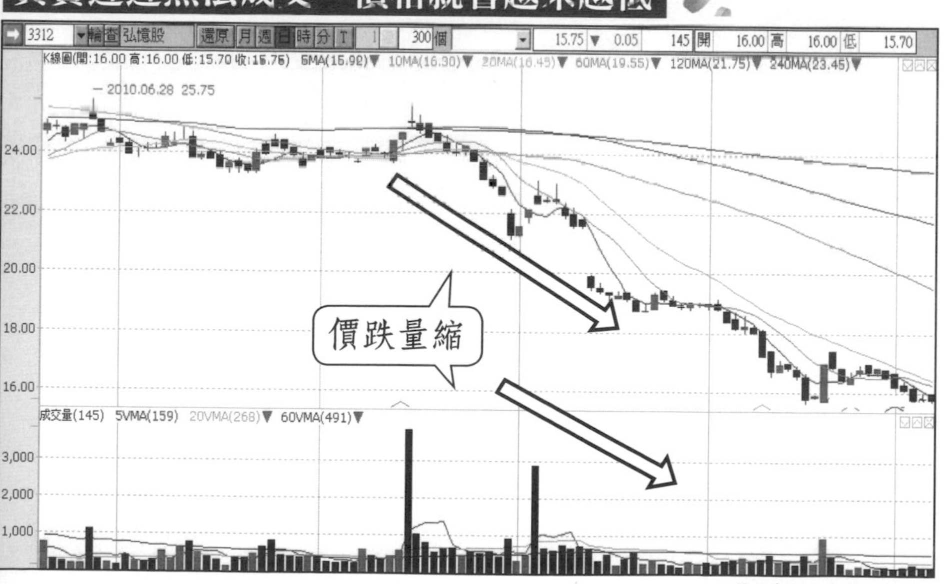

圖片來源：永豐e-leader

賣出所創的低價，將不會在極短時間內跌破，隨著恐慌性大量賣出之後，往往是空頭市場的結束。

第七、當市場行情持續上漲數月之久，出現急遽增加成交量，而股價卻上漲乏力，在高檔盤旋，無法再向上大幅上漲，顯示股價在高檔大幅震盪，賣壓沈重，此為形成股價下跌的預兆。

價跌量增代表多殺多行情

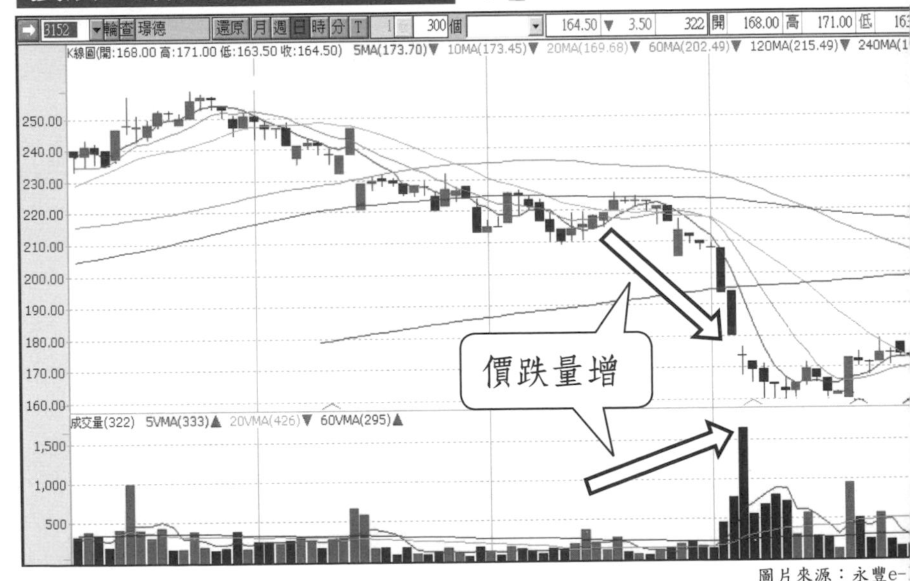

圖片來源：永豐e-

第八、股價持續下跌之後，在低檔出現大成交量，股價卻沒有進一步下跌，價格僅出現小幅震盪，此表示有人開始買進股票，也是空頭即將結束，開始另一段上漲的波段。

第九、股價經一段時間的上漲或下跌，價格和成交量都維持一定的數值，這時代表觀望氣氛濃厚，指數未來仍以原來趨勢發展居多。

股票是一種商品，買賣的人多了，自然成交量就高，而當沒人要買賣股票時，自然成交量就低，而股價有高有低，長期統計下來，量與價共有9種關係，分別是：

掌握6種關鍵的價量關係

但是量幾乎不可能每天相同，所以我把這9種量價關係，去掉藍色的3種，保留6種量價關係，我認為只要你弄懂這6種量價關係，就可以預先掌握住，股票未來的脈動。在量價關係中，最重要的是「量」與「價」能夠配合得宜，股價在高檔或低檔時，成交量大或小的解讀都不相同。

9種價量關係表

量增 價漲	1.價漲量增是良好的價量配合關係，通常是代表多頭的訊號出現。 2.在多頭行情之中，成交量亦隨之適當增加時可以視為「換手量」，有利於多頭市場的持續。 3.不論是型態或是趨勢線，有效的向上突破，必須要成交量增加的配合才是。 4.在空頭走勢中出現價漲量增的K線時，極有可能是止跌訊號，但仍須確認。 5.在多頭行情的末升段中，價漲量增有時會是高點已至的訊號。尤其是成交量異常放大而且後繼無力之時。
量增 價跌	1.是價量背離的訊號，後市以偏空為主，但仍待確認。 2.在跌勢末期時，量增代表低檔買盤進入轉趨積極，距離指數低檔應不遠。 3.在漲勢初期或低檔盤整階段，可能是多頭力道正在醞釀，若配合期指未平倉量的增加，未來行情上漲機會甚大。 4.在漲勢末期則為多頭獲利了結心態濃厚，未來反轉下跌可能性大增。 5.若盤勢處於跌勢初期則未來盤勢會持續下跌。
量增 價平	1.多為持續原來行情的走勢，但仍須確認。 2.處於末跌段或初升段時，應是多頭力道仍在持續醞釀，未來上漲機會很大。 3.多頭走勢或空頭走勢的整理期間，則為多頭或空頭力道重新醞釀的時機，在未來盤勢朝原來趨勢發生突破時，原來的趨勢將持續發展。 4.若指數處於末升段，極有可能是多頭力道逐漸衰退的跡象。

量縮價漲	1.屬價量背離現象，未來走勢一般以偏空因應。 2.處於初升段或盤整階段時，應採取觀望態度。 3.若為漲停鎖死，則後勢仍以續漲視之。 4.處於末升段時，則可能因為多頭追漲意願不高，指數反轉而下機率大增。
量縮價跌	1.若處於初跌段或主跌段時，代表多方接手意願不高，仍視為賣出訊號。 2.若為末跌段時，則為空頭力量衰竭，應注意買進時機。 3.若在上漲趨勢中，通常代表持股者惜售，未來應可續漲。
量縮價平	1.亦屬於背離現象，但不確定性較強。 2.若處於末升段則代表離高點不遠，應注意賣出時機。3.若處於盤整階段，則對於盤勢較無影響力。
量平價漲	1.若處於多頭走勢中，則有可能是處於換手過程中。若後續成交量無法擴大，則應密切留意賣出訊號。 2.在空頭趨勢中極可能是短暫技術的反彈，後市仍然偏空。 3.若處於整理階段，則較無特殊意義。
量平價跌	1.若處於多頭走勢中，則有可能是處於換手過程。若後續成交量無法擴大，則應密切留意賣出訊號。 2.在空頭趨勢中，則是空頭力道仍在持續，後市仍然偏空。 3.若處於整理階段，則較無特殊意義。
量平價平	價平量平，顯示觀望氣氛濃厚，指數未來仍以原來趨勢發展居多。

因此，若要掌握股價的走勢與變化，除了看懂技術分析的K線圖與其他技術指標之外，仍需觀察成交量的變化。成交量算是投資人買賣撮合的過程，成交量的高低，代表多空對於後市行情的看法，最終多空做出買賣的決定，也影響了未來的股市趨勢。

1. 價漲量增

2. 價漲量縮

3. 價漲量平

4. 價穩量增

5. 價穩量縮

6. 價平量平

7. 價跌量增

8. 價跌量縮

9. 價跌量平

股票市場的多變量價關係

■ 成交量代表一群人的金錢交易，每個人都想從這些交易中賺到大筆的金錢。

投資股票概略來說，就是一群人賣給另一群人，因此若想買的人多，股票供不應求，自然股價節節上升，反之，若是想賣的人多，股票供過於求，那麼股價自然快速下跌。

由3419譁裕的日線圖可看出，即使三重底已經成型，底部也有量出，但是還是有可能回測低點，再次出量後，才是真正的上漲，但是可觀察這檔股票一旦量縮，股價即開始回跌。

3419譁裕日線圖

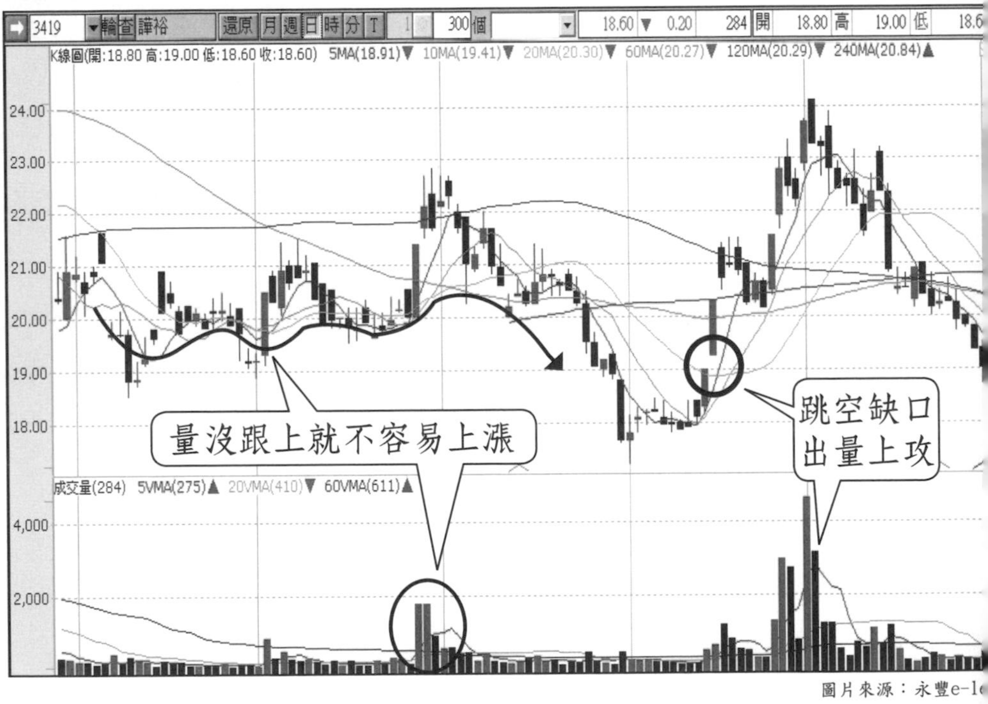

量沒跟上就不容易上漲

跳空缺口出量上攻

圖片來源：永豐e-l

4426利勤的日線圖更明顯，上漲時，搭配量滾量，股價頭也不回的往上升，但是一旦高檔量縮，代表該買進的人都買了，接下來這些人要等著賣出，因此造成想賣的人多過於想買的人，價格便越來越低了。

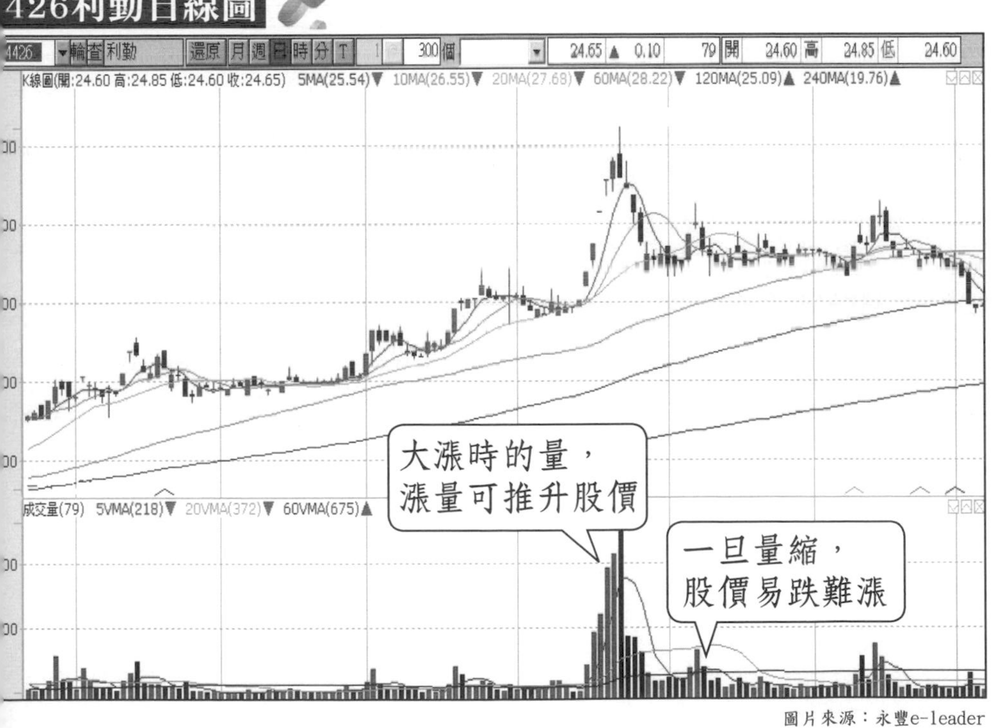

圖片來源：永豐e-leader

底部爆量，必有大行情

在股市裡有句格言：「底部爆天量，必有新天價。」若一檔股票長期在底部盤整，成交量也極低，代表這檔股票的籌碼極為安定。

假設有一天這檔股票的成交量，超過之前平均量的10倍左右，那麼代表這檔股票不是有基本面的重大利多，就是有主力作手準備炒作這檔股票。

像這樣的股票，建議可以在量少的時候，開始慢慢買進，等到爆量時，一次把所有資金買到滿，接著就是抱牢持股，等待飆漲的熱帶氣旋上漲，即可享受到買到飆股的樂趣。買到這樣的股票雖然機會很小，但是也不是完全沒有，重點就是要把做股票的週期拉長。

以我所舉出的兩檔股票——欣高和嘉澤為例，這兩檔股票分別以月線和周線做觀察，都是在長期底部爆天量，之後都至少有3倍漲幅的大行情。因此，做股票一定要用「長線保護短線」的觀念，以爆量來說，短線看來可能會覺得漲太多，但若把眼光放遠，則將是一個大行情的啟動。

底部爆量，必有大行情

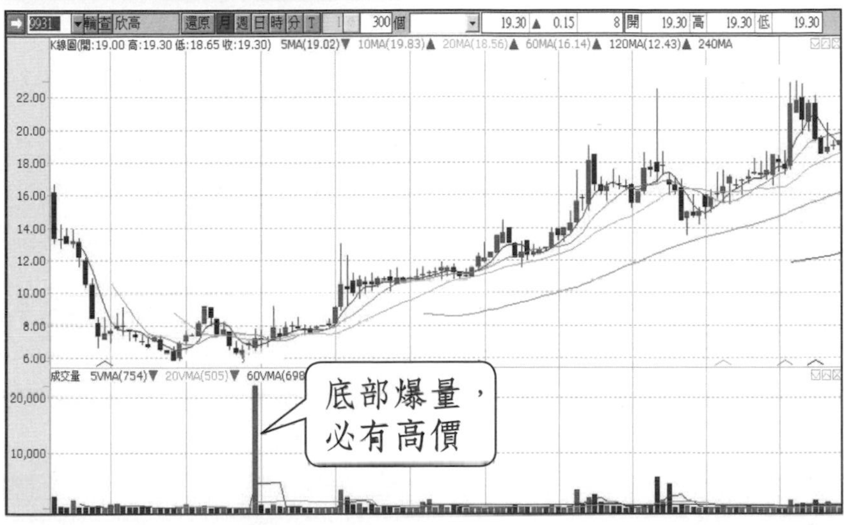

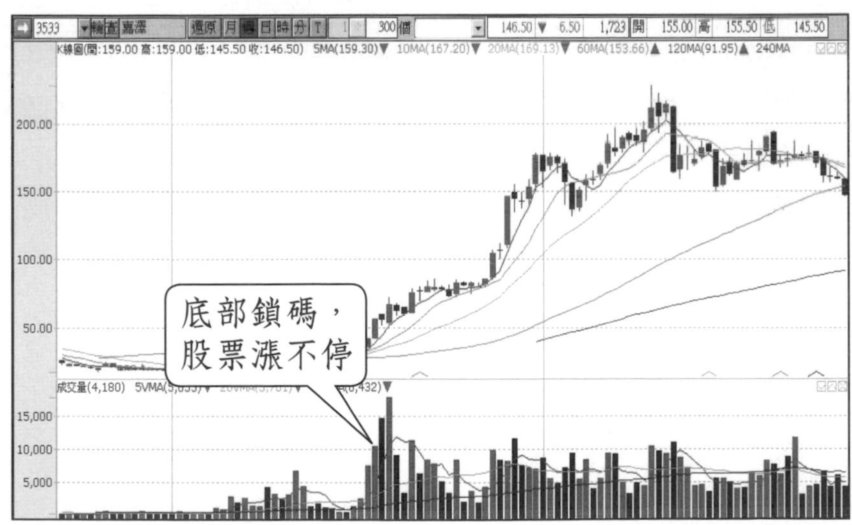

以上圖片來源：永豐e-leader

出貨量

假如一檔股票已經上漲一段，而在高檔區爆出天量，那麼99％的機率，這檔股票即將大跌，因此我特別舉出了三檔股票為例，提醒大家若遇到頭部爆量，趕緊出場為妙，千萬不要留戀。在股票高檔時，新聞媒體都會是這檔股票利多消息，公司財報的獲利表現，一定也是在巔峰期。即使如此，投資人還是要捨得賣出股票，因為當一檔股票的表現到達頂峰，接下來便是走下坡的開始。

逃命量

逃命量與出貨量有異曲同工之妙，差別即在於出貨量出現時，股價或許還有高點可期，但是逃命量卻是股價已經正微微往下跌時，突然出現大量，之後股價開始加速下跌，最後造成崩盤。

以4417金州為例，在32至34元間出現明顯長黑K，配合成交量也創新高，因此很明顯是主力的逃命量，股價後來也直接崩跌至22元，投資人若捨不得在逃命量出現時賣股票，那麼將造成更大的損失。

股價上升，買盤沒增加，代表主力在出貨

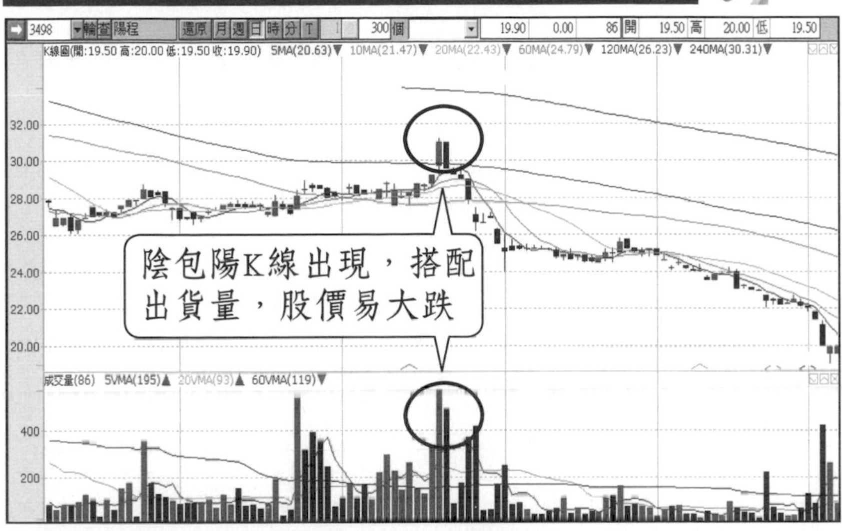

逃命量出現，少賠就是賺

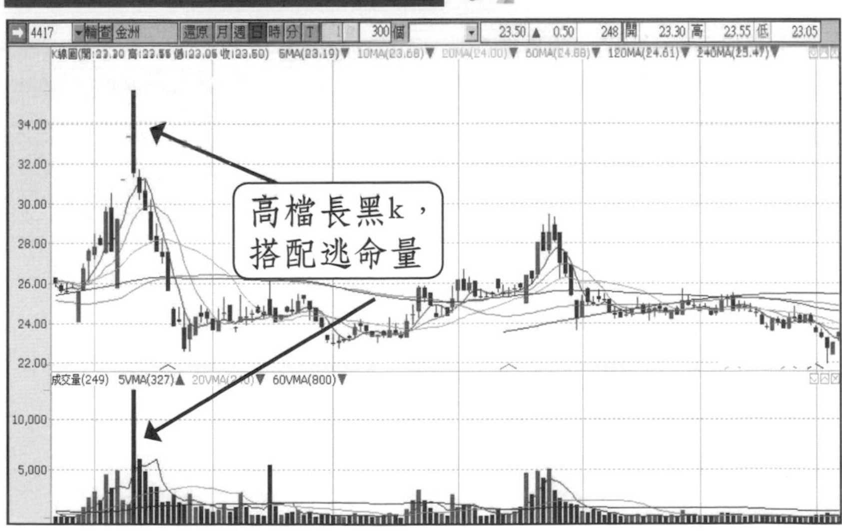

以上圖片來源：永豐e-leader

看了這麼多的量價關係，不知你是否已經搞不清楚了？其實任何的技術分析都不是百分百準確，否則若是這麼容易，每個人都可以從股票市場賺到錢，因此投資人最主要的就是要活用所學的技術，嚴設停損停利，自然有機會長期從股市穩定賺到錢。

觀察量與價的關係，是投資人非常重要的功課，因為在所有的技術指標當中，唯有量所呈現出來的指標是最直接的。因為成交量代表一群人的金錢交易，每個人都想從這交易中賺到錢，所以只要長期觀察量能的狀況，對於行情的掌握會有一定的幫助。

投資小叮嚀！

在所有的技術指標當中，唯有量所呈現出來的指標是最直接的。

股票線圖的W底和M頭

■ 確認W底或M頭的K線圖，我們可以周線圖和月線圖共同來分析，增加準確度。

股價在經過一段時間下跌、盤整後，K線圖會自然呈現底部的型態。而最常見的底部型態即是W底，通常當W底成型，代表股票終於要脫離底部，進入一段上漲的行情。

W底

但是確認W底成形的K線圖，最好是以周線圖和月線圖來分析，因為日線圖常因為短期利多利空的影響，造

成雖然這週看圖形是W底，但是下周看圖時，因為一個大利空造成崩盤，W底反而成為M頭。

W底可分為左低右高的W底和左高右低的W底，最好的買進時機是當左低右高的W底成形時，因為這代表之前左低W底買進的投資人，已經開始解套獲利，因此自然股價越往上漲，籌碼的穩定度越高。

相反，若是左高右低的W底成形時，那麼代表之前買進的投資人處於套牢中，若是股價上漲，反而容易出現解套賣壓，形成做底不成反成頭的後市走勢，因此建議左高右低的W底成形，先不要做買進的動作，維持觀望的等待即可。

M頭

雙重頂即為M頭，而雙重底即為W底，這是因為其形狀的關係，雙重頂的二個波峰的高度相近，發生時間間隔數週至數月。當價格跌破頸線時，則顯示將發生一波下跌走勢。M頭型態有兩個高峰（頭部），大約落在相同的價位，當收盤價跌破兩個高峰所夾的谷底（頸線），M頭型態即告完成。

M頭成形，要捨得賣出

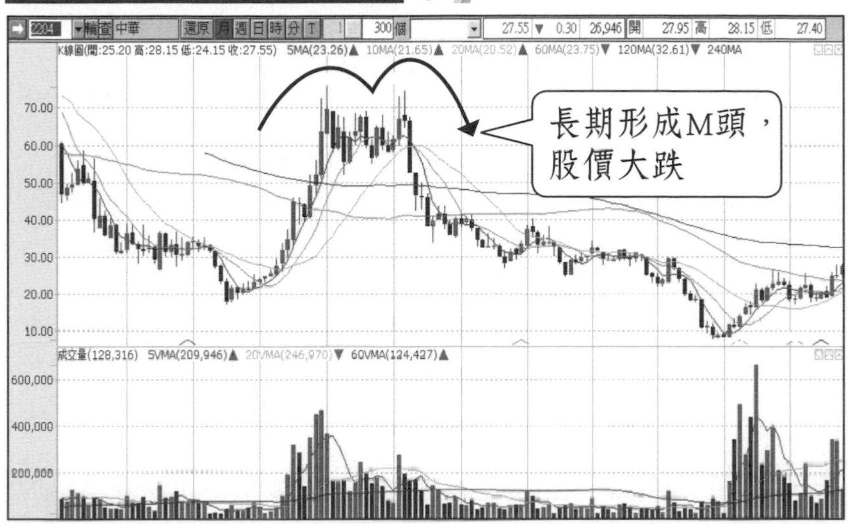

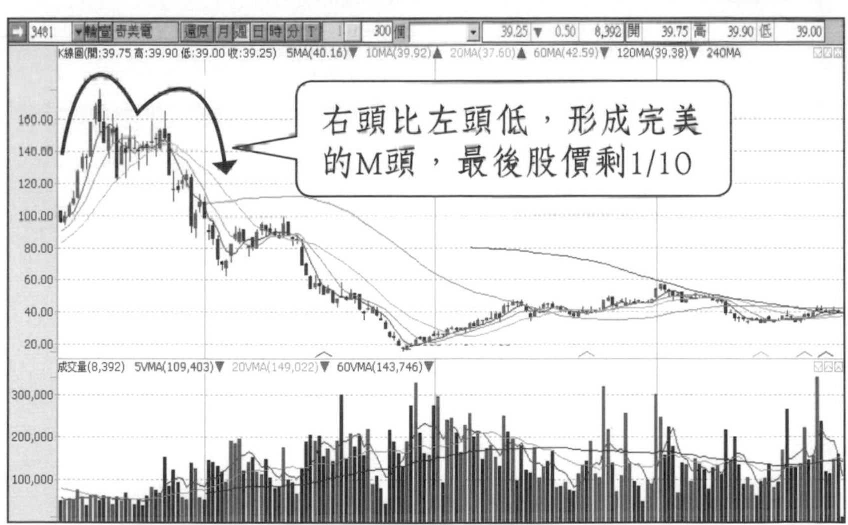

以上圖片來源：永豐e-leader

通常第二個頭部的成交量較小，但在暫時回升的突破過程中，成交量應該放大。M頭型態完成後，價格往往會反彈至頸線的下緣。

M頭的最低目標跌幅，是由頸線扣除與頭部至頸線等幅的垂直距離。雙重底（W底）性質則與雙重頂類似，但上下相反而已，雙重底的二個谷底是市場對價格底限的測試。

M頭與W底

型態	形狀	構成	漲跌幅
M頭	M形	由兩個價格頭頂構成	由頸線扣除與頭部至頸線等幅的垂直距離
W底	W形	由兩個價格谷底構成	由頸線加上頭部至頸線的等幅垂直距離

經過二次測試，不破顯示測試成功，代表市場認為的低點。但測試成功不代表價格便會反轉，價格須在頸線帶量突破，則趨勢的反轉型態才告確立。

頸線

在K線圖裡，當底部形態確立的情形有W底型態，突破W底會回測W底的三個最高點，這條連線就叫作頸線，當M頭形成後，當股價跌破三個最低點，這條連線也就是高檔的頸線。

一般股價突破頸線，都會回測頸線的支撐或壓力，獲得支撐，會往上再漲一大段，而高檔跌破頸線則會向上回測頸線壓力，如果回測失敗，通常都會跌得很重。

頸線可說是一個重要的生命線，因為當高檔跌下時，投資人通常會捨不得賣掉，因此一不小心，總是讓自己的資金套牢，因此頸線就可當成一個最後的出場機會，空頭來臨時少賠就是賺。

當股價從低檔漲上來時，由於之前的股價跌跌不休，讓投資人跌怕了，遲遲不敢買進，因此若股價正式

站上頸線，可當成一個確認買進訊號，要讓自己勇敢的買進股票。

「頸線」的名字取得非常好，當股價跌破頸線，若要停損賣股，絕大數的投資人不會這麼做，因為這就像脖子被砍了一樣，但是這也是散戶朋友們最大的弱點。在關鍵時刻，往往克服不了自己心理的關卡，因此建議還是跟著技術線圖做，捨不賣就閉著眼鏡賣，股票下跌時，唯有保持現金才是王道。

投資小叮嚀！

K線圖，最好是以周線圖和月線圖來分析。

跌破頸線，要捨得賣出

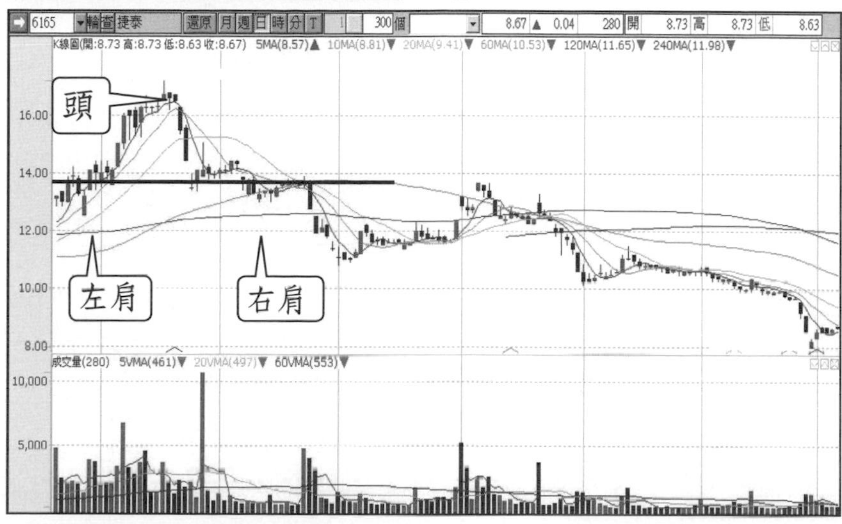

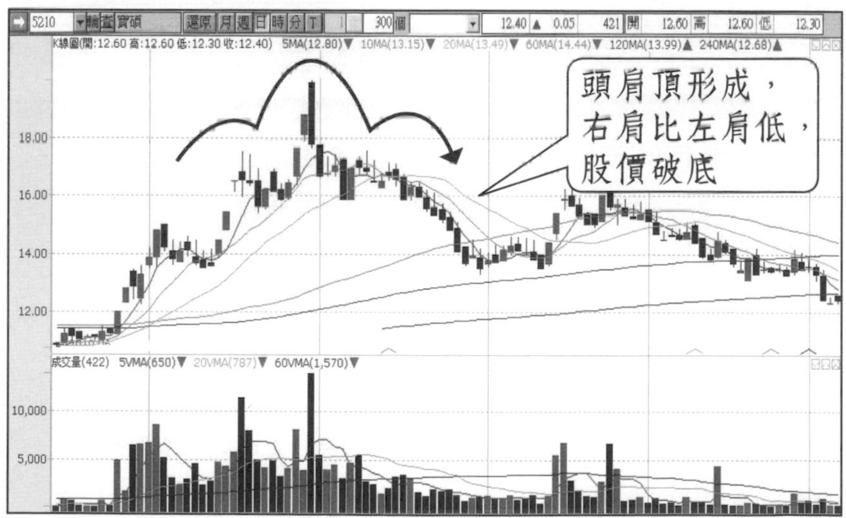

以上圖片來源：永豐e-leader

帶你了解 何謂頭肩型態

■ 要形成頭肩型態必須包含以下4個要素，1.左肩、2.頂（底）、3.右肩、4.頸線。

頭肩型態可說是一種複合型的M頭或W底，也是一種最常見的反轉型態。頭肩型態可分為頭肩頂及頭肩底，前者是發生在行情的高檔時期，若頭肩頂完成時，代表的是即將有一段空頭走勢將產生。反之，若是頭肩底型態成型，也代表將有一段空頭走勢產生。

這種型態通常出現在行情的高峰與行情的底部，是一種常見的反轉型態，一般分為頭肩底與頭肩頂兩種。無論是頭肩頂或是頭肩底，在左肩和右肩可連結一條

頭肩型態是長期累積的K線型態，非常具有參考價值

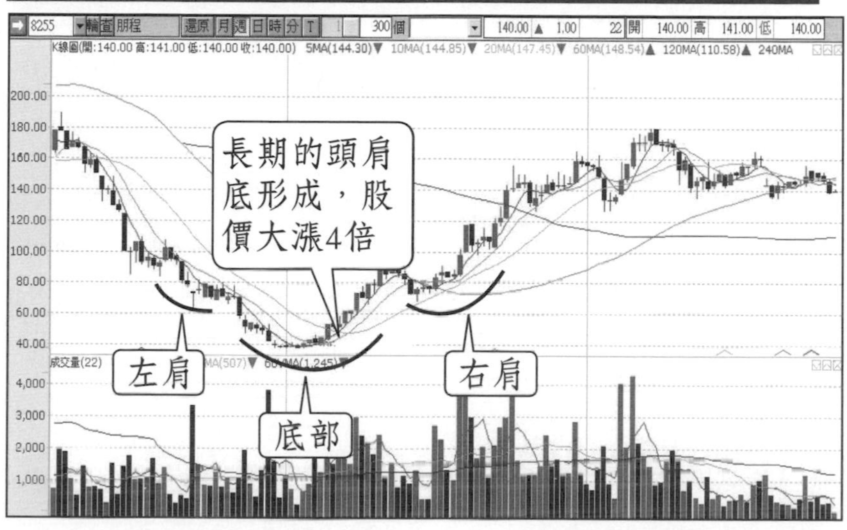

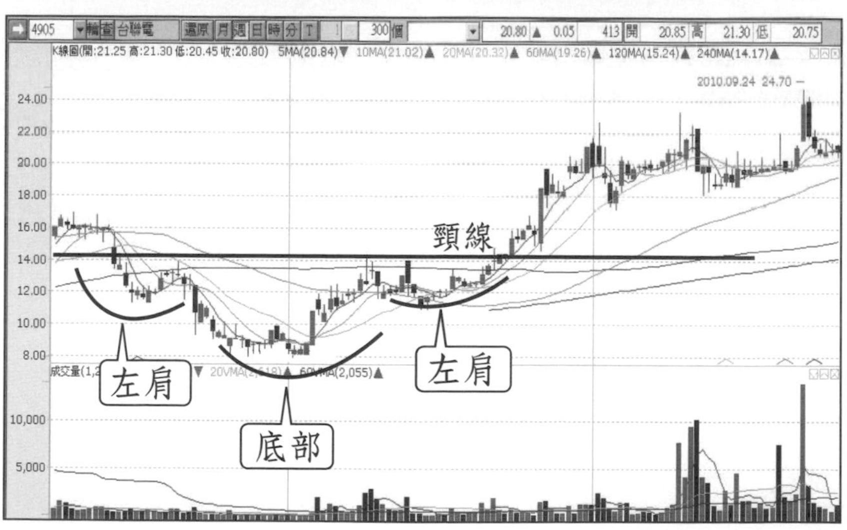

以上圖片來源：永豐e-leader

線，我們稱為頸線。這條頸線代表的是一個重要的趨勢線，在上升趨勢中，一旦價格跌破頸線，或在下降趨勢中，價格突破頸線，則為趨勢反轉訊號。

頭肩頂（底）在技術分析上，是一個十分明顯且可信賴的技術指標，尤其在底部判斷時，可用頭肩的型態與成交量來判斷。一旦右肩的成交量將明顯小於左肩，並且價格穿越頸線，那麼將會有一段波段漲幅。

三重頂和三重底

若是頭肩型態的頭部跟左右兩邊的肩同高的話，那麼就形成了三重型態，若是在股價高檔區形成，通稱為三重頂，而在底部形成，則稱為三重底。

會形成三重型態的原因，通常都是在一段時間內，多方和空方的力量差不多。也就是說，三重型態這段期間並沒有一定的趨勢可判斷，而唯有股價突破頸線時，這時的多空趨勢才漸漸明朗。

頭肩型態的判斷準度以週線和月線為最高，通常週線和月線高檔頭肩型態完成後，股價即將進入一段長期

三重型態跟頭肩型態很類似，非常具有參考價值

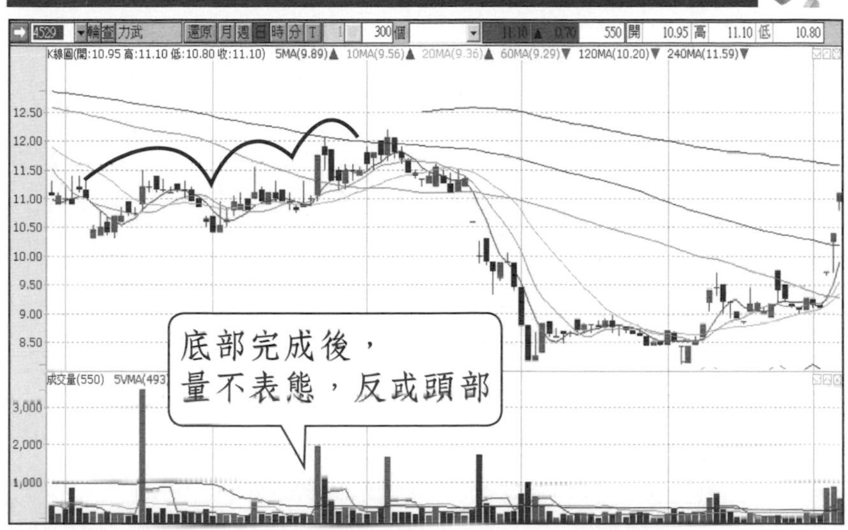

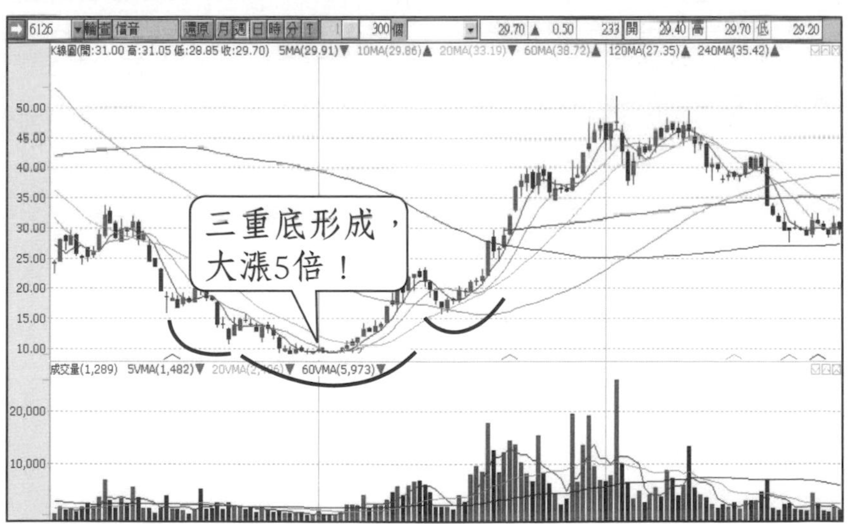

以上圖片來源：永豐e-leader

的修正，若投資人捨不得賣出，就容易被套在高點，而要等到下一次底部頭肩型態完成時，才有可能解套。

等待一檔股票解套的時間其實是很可惜的，因為當一檔股票的高檔頭肩型態完成時，一定會有其他的股票底部剛完成。

因此投資人只要進行換股的動作，即使是這檔股票在高檔停損出場，但是卻有機會從別檔股票從低檔賺回來。

頭肩頂（底）的4要素

頭肩頂必須包含4個要素，1.左肩、2.頂（底）、3.右肩、4.頸線，只有在跌破頸線之後才完成整個型態，跌破的定義為：收盤價貫穿頸線的幅度大約是股價的3%，頸線不一定是水平狀，它可以向上或向下斜。

2種急速反轉型態

■ 投資人遇到急速反轉型態時，一定要趕緊調整心情和持股，才不會被原有的趨勢綁住。

股市裡有句話說：「股市趨勢很難逆轉，一旦逆轉，就很難再逆轉」。

本節所要介紹給讀者的兩種急速反轉型態，便是一種快速逆轉原有趨勢的型態。投資人遇到時，一定要趕緊調整心情和持股，才不會被原有的趨勢綁住，造成嚴重的誤判。

V型反轉

V型反轉的型態，本來就是已經是一種非常難成型的型態，因為這代表股價本來是延著下降趨勢線往下跌，但在一段時間內，很快從最低點向上以約45度或60度的斜角急漲。K線走勢成為一種V字型，因此統稱為「V型反轉」。

V型反轉可遇不可求

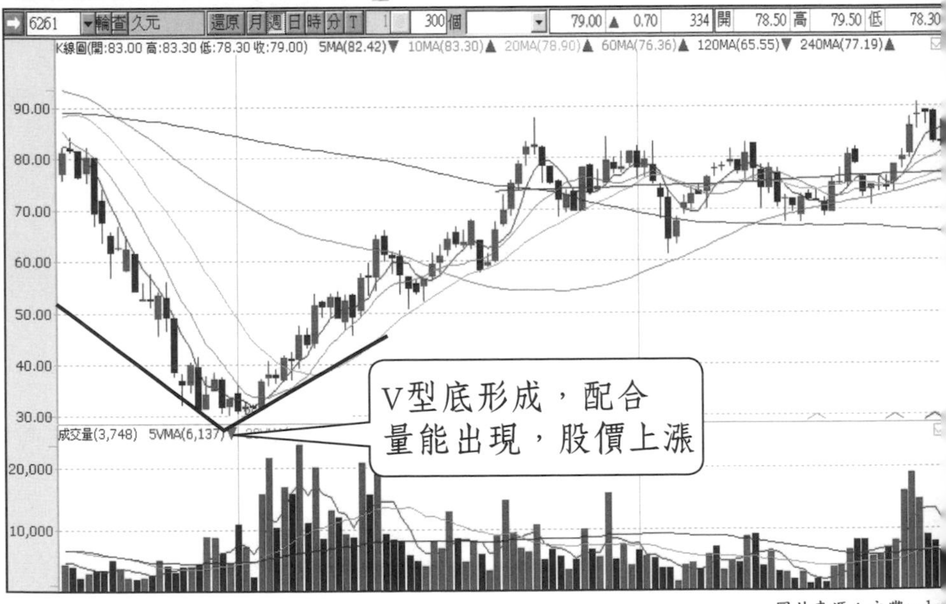

V型底形成，配合量能出現，股價上漲

圖片來源：永豐e-le

V型反轉也可用在頭部區，若股價本來是順著上升趨勢線往上漲，但是卻從最高點急速往下跌，K線型態看起來就像一個「倒V字」的型態。

V型反轉可遇不可求，投資人遇到時要莉克馬上應變，絕不可留戀之前的趨勢，不管之前做多還是放空，都是要反手操作。

V型反轉可遇不可求

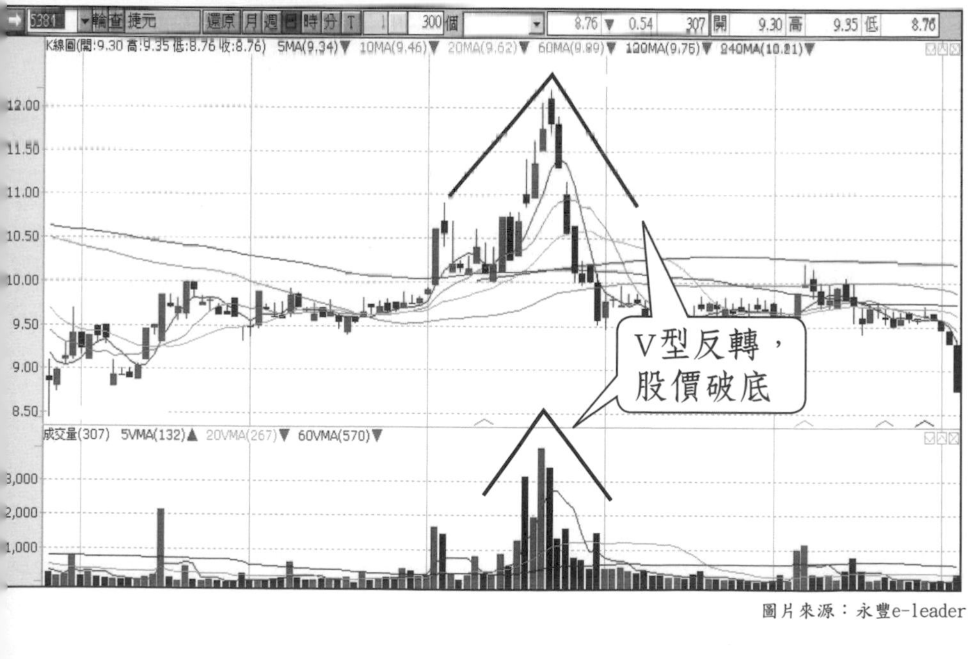

圖片來源：永豐e-leader

島狀反轉

島狀反轉其實算是屬於V型反轉型態的一種，只是不同的是，島狀反轉的最高點和最低點的K線的兩邊都有對稱的跳空缺口。若把兩邊的缺口看成是大海，那麼最高點或最低點形成一種類似小島。

島狀反轉一旦形成，將會有一個波段行情，尤其島狀反轉出現在頭部時，投資人更是要趕緊賣出，稍一遲疑將會被慘套於股海中，所以當看到島狀反轉訊號時，就該注意此訊號所發出的警告。要留意後續發展情況。

投資小叮嚀！

股市沒有所謂「速成班」，想成為成熟的投資人，都必需要經過好幾年實戰經驗。

島狀反轉代表的有一股強大的買盤或賣盤，把之前的跳空缺口用同樣的力量逆轉

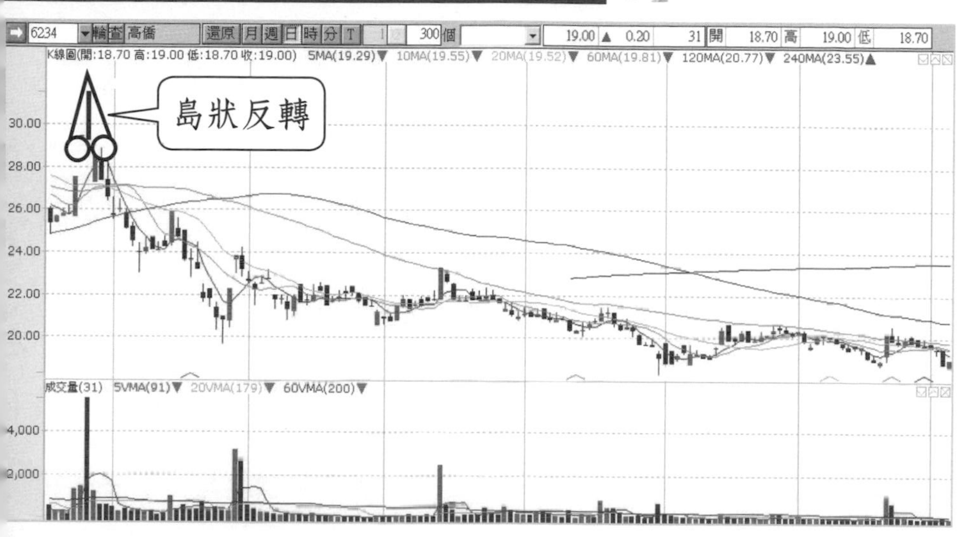

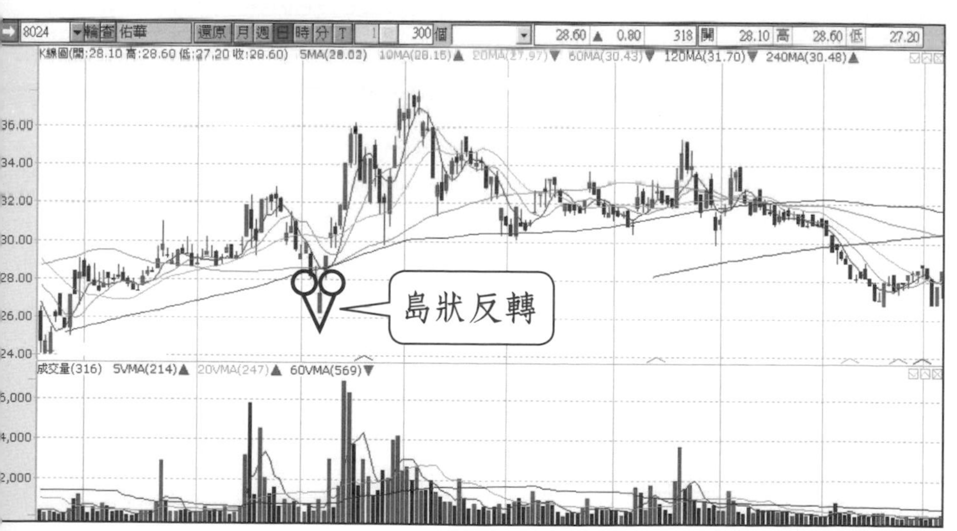

以上圖片來源：永豐e-leader

何謂緩慢的反轉型態

■ 跟V型反轉和島狀反轉不同的是，圓形型態是屬於較為緩慢的反轉型態。

形成圓形型態的原因剛好跟V型或島狀型態相反，這是一種非常緩慢的反轉型態，但是一旦確定形成，那麼之後將會有越來越快的爆發性行情。

圓形型態可分為圓形頂和圓形底，不過圓形的頭部較為少見，主要原因是股價在高檔區因為成交量大，因此價格波動也較大，在頭部的圓形頂比較少見。

圓形底的量都很少，投資人可分批布局

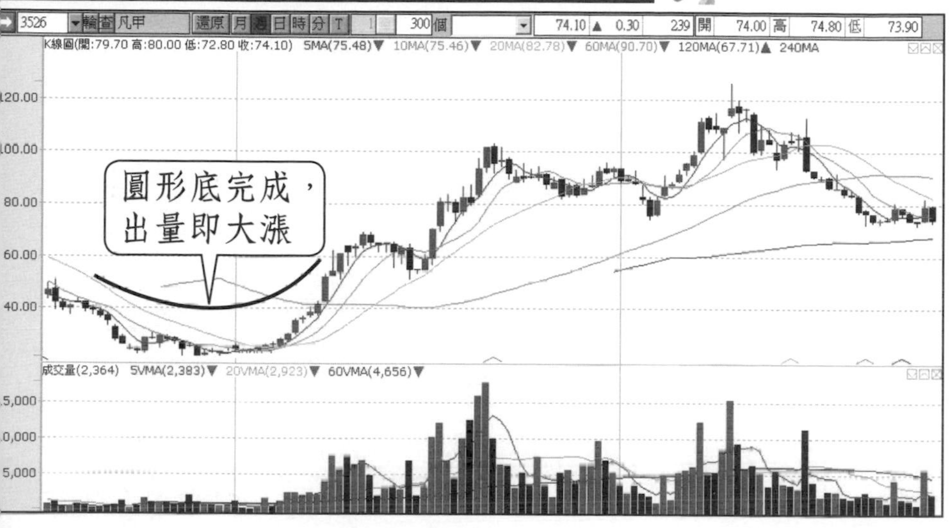

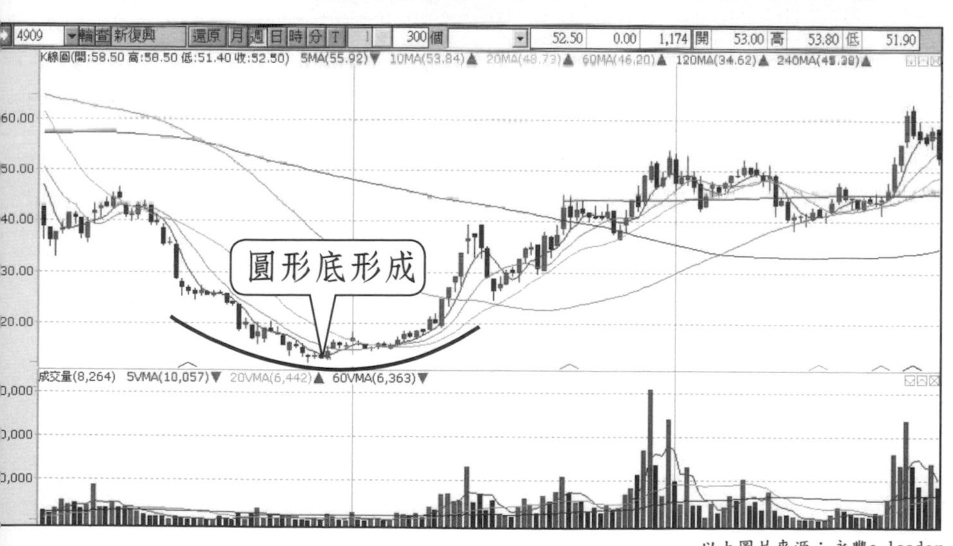

以上圖片來源：永豐e-leader

但是若一旦形成圓形底，那麼代表有非常多的人，在非常長的時間內，套在同一區間，之後的行情有可能形成大空頭，投資人要特別留意。

若在股價低檔區形成圓形底，那麼代表即將有大漲的機會，這時投資人要密切觀察成交量，通常成交量會在圓形底的最低點萎縮至最少，隨價格上漲，成交量也同步放大，圓形底的右弧形上漲，也將會形成越來越快的上漲走勢。

跟V型反轉和島狀反轉不同的是，圓形型態是屬於較為緩慢的反轉型態，而且圓形型態大多出現在大盤低檔區，因此大盤的K線圖若確定為圓形型態，那麼投資人要非常有耐心的持有股票，靜待股票的回升。

投資小叮嚀！

圓形型態可分為圓形頂和圓形底，不過圓形的頭部較為少見。

各種不同的反轉型態

■ 我們可以知道，三角型態具有「整理」的意涵，所以通常都將持續原有趨勢。

三角型態是最常見的價格形態，但也是一個不可靠的形態，因為發生三角型態後，它可能成為反轉型態，但也可以是連續型態。

不過三角型態仍是一個重要的K線型態，三角型態具有「整理」的意涵，所以通常都將持續原有趨勢，三角型態大致可分為等腰三角、上升三角與下降三角，三種不同的型態。

等腰三角

等腰三角是其中較富變化的型態，開始時價格波動較大，但價格波峰的高度逐漸下降。同時價格谷底也不斷的墊高，形成二條收歛的趨勢線情況，價格往未來的方向收歛，所形成的形狀便如等腰三角。

上升和下降三角

上升三角形的上限為水平狀，下限向上傾斜，屬多頭型態。下降三角形的下限為水平狀，上限向下傾斜，屬空頭型態。

擴張排列有擴張頂與擴張底，擴張頂通常發生在主要趨勢的頭部，三個峰位持續墊高，但兩個折返點持續下滑。當價格向下突破第二折返低點，型態即告完成。因此三角形中連接峰位與谷底的趨勢線是相互收斂的，而擴張排列則是相互發散。

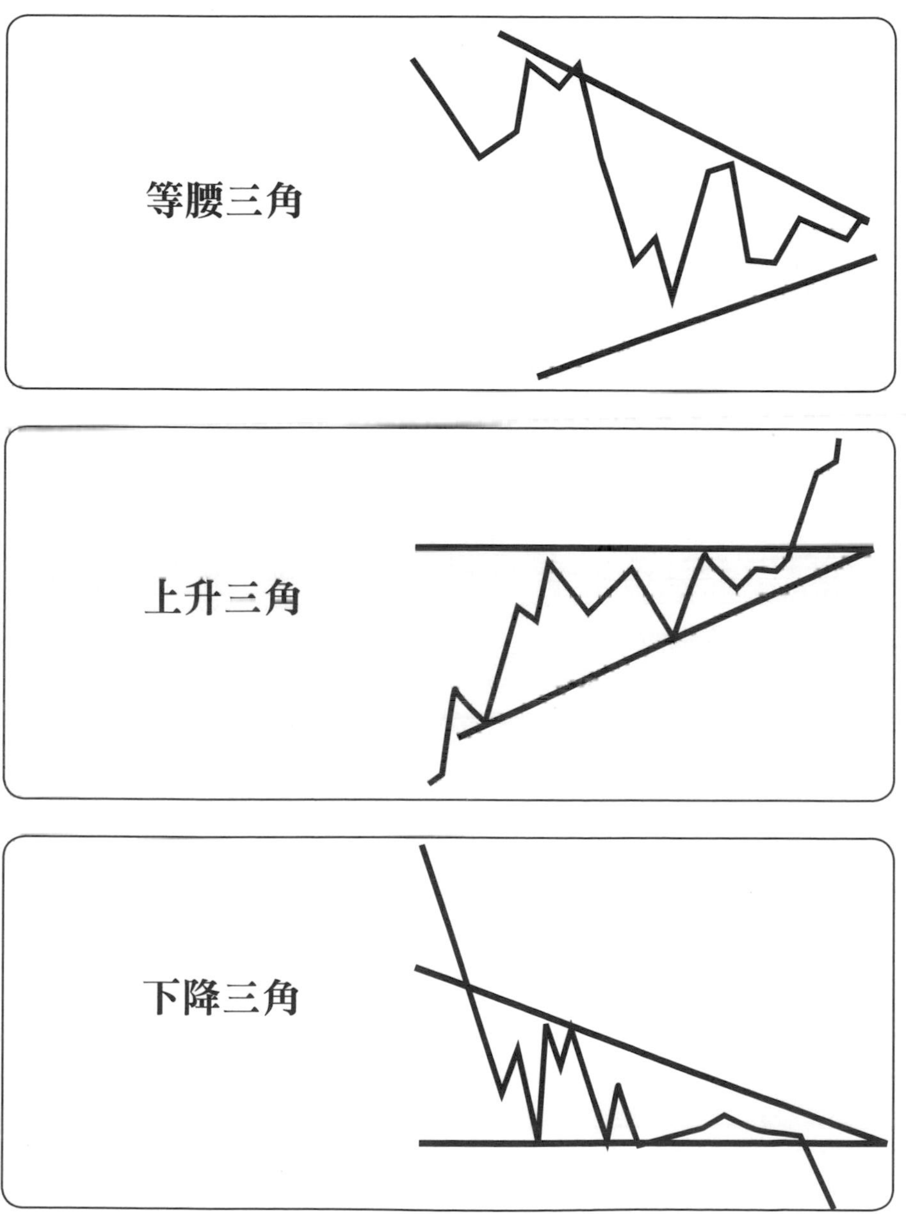
等腰三角
上升三角
下降三角

三角型態的完成通常較為複雜，投資人要仔細繪圖並判斷

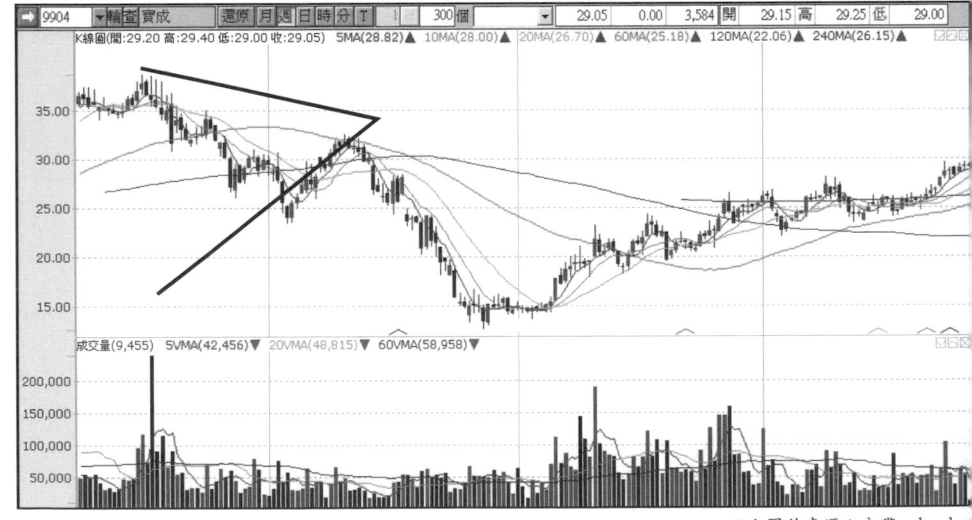

以上圖片來源：永豐e-leader

各種三角形型態

三角型態	形成條件	多空趨勢	未來趨勢
等腰三角形	波峰的高度下降，同時谷底也不斷墊高，形成二條收斂的趨勢線	盤整區	多空不明
上升三角形	上限為水平狀，下限向上傾斜	多頭	維持多頭
下降三角形	下限為水平狀，上限向下傾斜	空頭	維持空頭

支撐與壓力彼此差別

■ 把一段時間連續的支撐點和壓力點，連接起來，就會很明顯的各發現一條上升趨勢線或下降趨勢線。

當股價下跌一陣，碰觸到某一價位時，就停止了下跌，這價位便有所「支撐」。反之，當股價上漲一段，碰觸到某一價位時，卻停止了上漲，這個價位便有所「壓力」。

形成支撐與壓力，通常是因為在某價位有很多人在買賣，當股價下跌到該處，因為已到了當初願意買進的便宜價格，所以，當投資人有意願再次買進，便形成了支撐效果。

支撐線跌破時，投資人一定要捨得停損

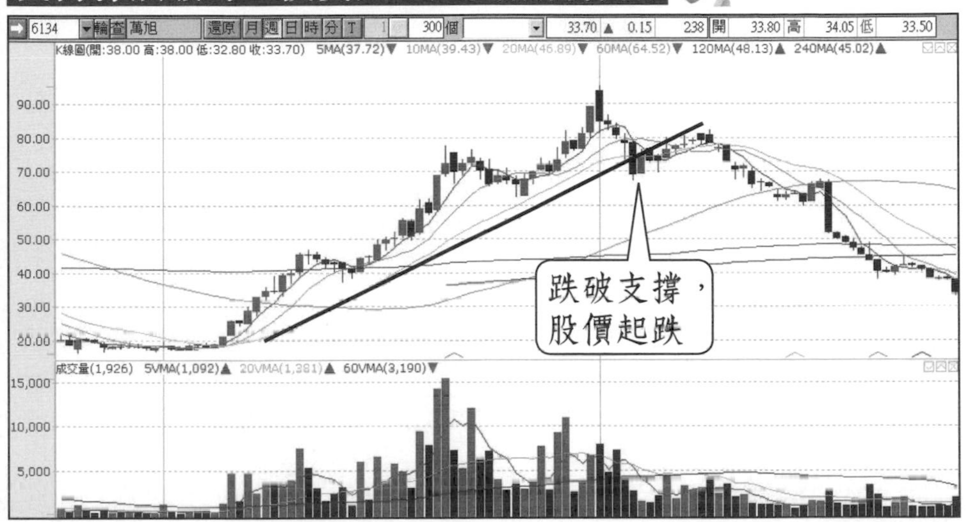

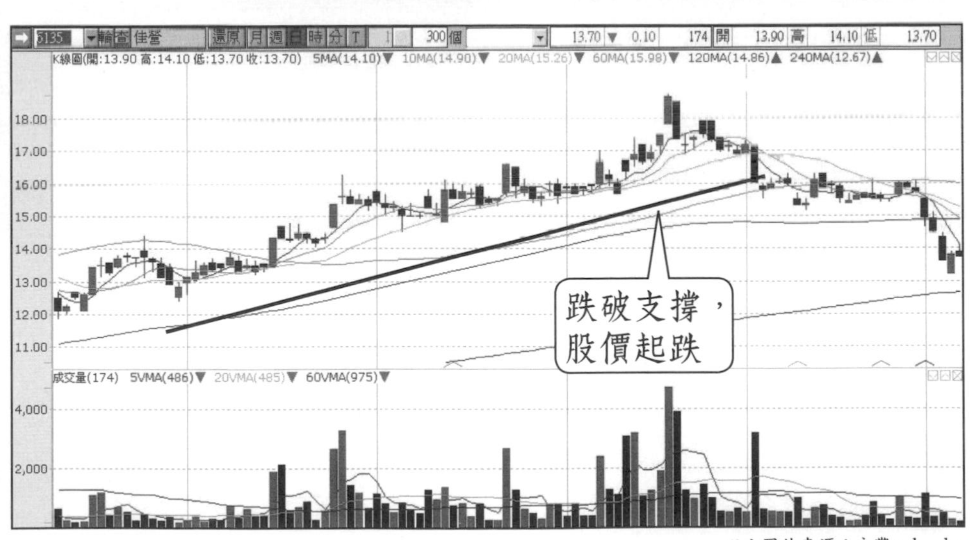

以上圖片來源：永豐e-leader

而當股價上漲到某價位，由於投資人已從虧錢狀況回到成本，所以會有一批人選擇賣出而解套，因此股價便形成了壓力。

若將起漲日的低點與不斷創新高的某天的低點相連，這一條一直延伸的直線即為支撐線，而若將起跌日的高點，與不斷創新低的某天的高點相連，且這一條一直延伸的直線即為壓力線。

技術分析最重要的基本原理便是順著趨勢操作，當價格下跌到某些區域時，便發生反彈，則顯示這個區域具有相當的潛在買盤，因而形成一個支撐區。

因此投資人可以觀察當股價上漲至某些區域時，股票向上漲的走勢經常發生折返時，那麼顯示該區域有許多人正在賣股票，此區域即為壓力區，尤其是當價格遇到該區域而發生折返的次數越多時，則這個壓力區將越有效。

支撐或壓力的另一項重要的問題是其力道如何，判定力道強度的方式，可以從成交量來判定。由該價格區的成交量情況，來判定支撐壓力的力道支撐或壓力形成

支撐和壓力要搭配缺口和K線型態來判斷

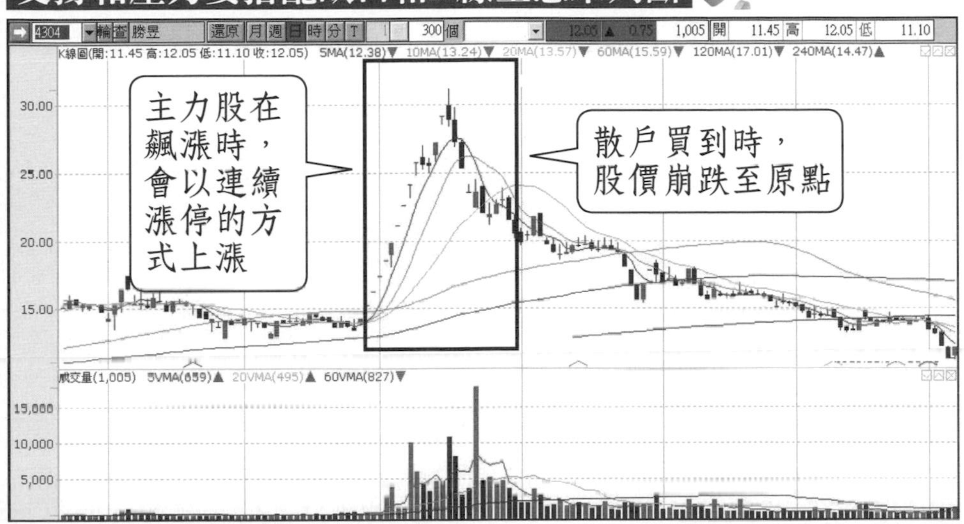

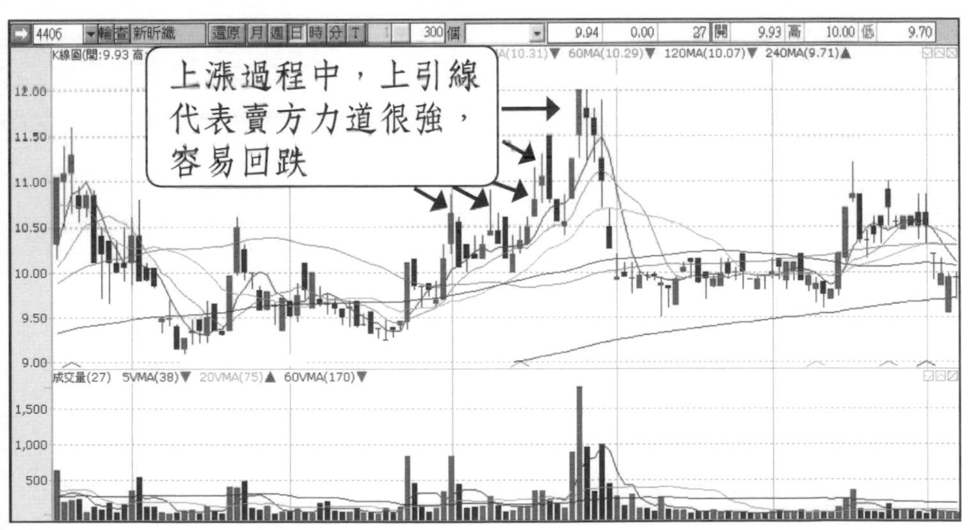

以上圖片來源：永豐e-leader

的原因是需求或供給的集中區，而這種集中現象則表現在成交量的大小。

所以當一個底部發生是伴隨著大成交量時，則隨後該處所構成的壓力將會較大。支撐或壓力呈現在K線圖上是一個區間狀況，而不只是特定的點位，因此若在繪製支撐或壓力線時，建議以一個支撐區域，或壓力區域來表現，將能夠對股價的高低檔更能夠掌握。

支撐和壓力可搭配每日的K線圖來判斷，如4406新昕纖在上漲過程中，不斷留下長上引線，代表上漲的賣壓重重，若是沒有更大的利多支持，股價很容易回跌。

支撐和壓力的特色

1. 當股價下跌到該處，因為已到了當初願意買進價格，所以便形成了支撐效果。
2. 當股價上漲到某價位，會有一批人選擇賣出而解套，因此股價便形成了壓力。
3. 支撐或壓力呈現在K線圖上是一個區間狀況，而不只是特定的點位。

圖形分析的 基本技巧—趨勢線

■ 在技術分析的領域，順著趨勢線去操作，就能讓自己隨時保持獲利的狀態。

把一段時間連續的支撐點和壓力點，連接起來，就會很明顯的各發現一條上升趨勢線或下降趨勢線，投資人可根據這條線，做出停損或停利的動作。

基本上，股價延著上升趨勢線往上漲，一旦跌破上升趨勢線，投資人便要捨得停損，相對的，股價延著下降趨勢線往下跌，一旦突破下降趨勢線，投資人便要開始勇敢進場佈局。

以我的投資經驗，股價下跌的速度總是又快又狠，而上漲的速度，通常是又緩又磨人，因此以這特性來延伸操作，當股價跌破上升趨勢線時，建議投資人一次全部出清，不要留戀。當股價突破下降趨勢線的當時，投資人反而要分批進場，不用急著一次把資金全部買足。

盤久必跌

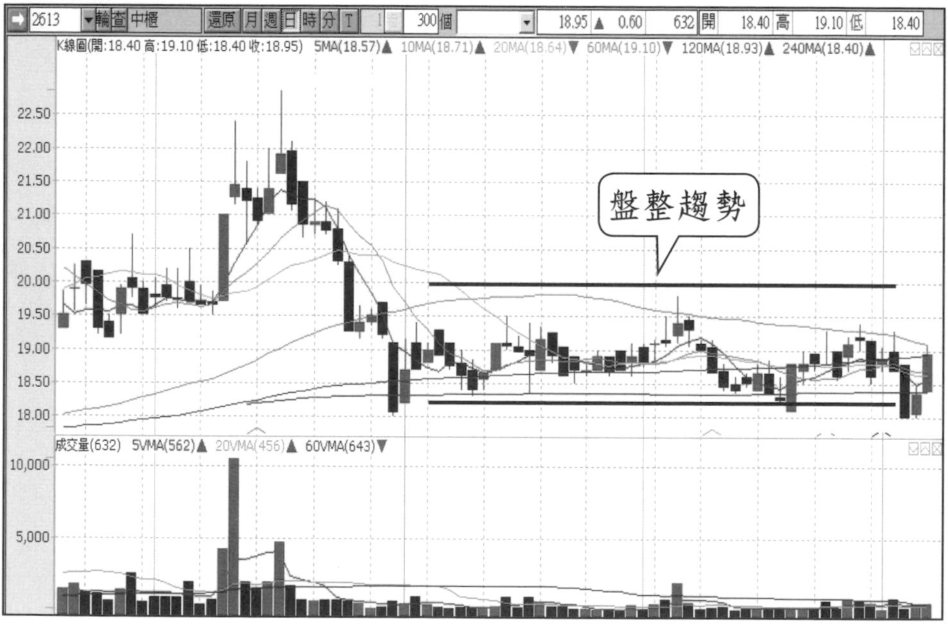

盤整趨勢

圖片來源：永豐e-leader

空頭趨勢時，連結上下高低點，即可發現下降軌道線

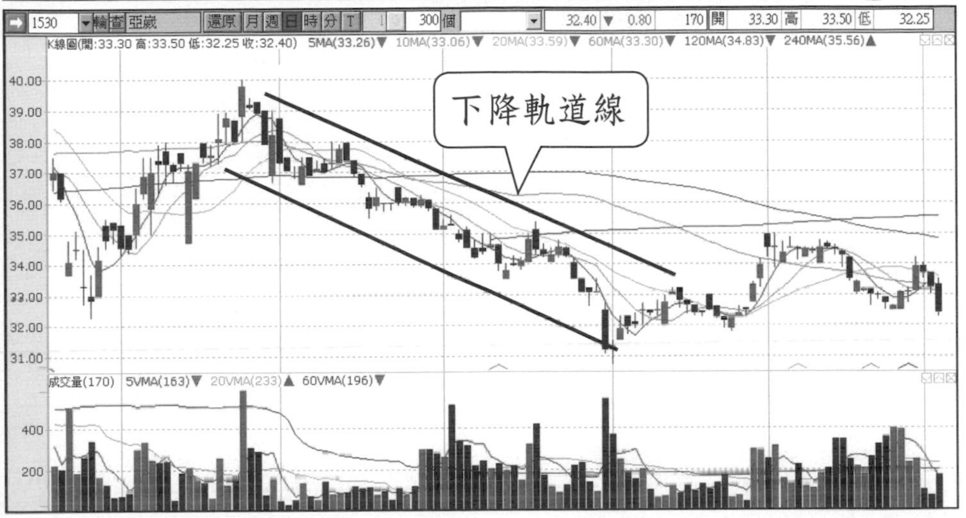

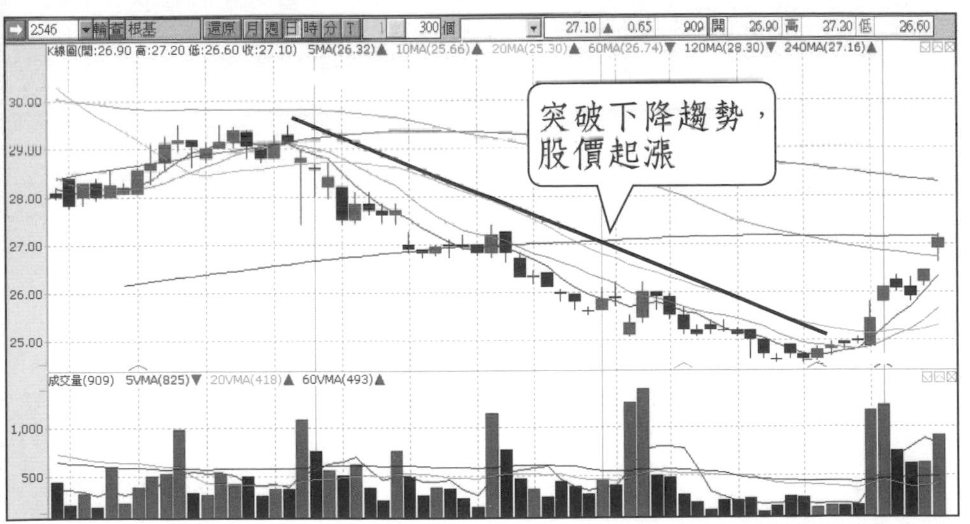

以上圖片來源：永豐e-leader

盤整趨勢

當股價在一段期間內，在一定的價位區間浮動，例如股價在三個月內，股價一直在50至55元之間，股價遇到55元便下跌，碰到50元又開始上漲，那麼這樣便能把這狀況稱為「盤整趨勢」。

把盤整趨勢的最高點相連，並且也把最低點相連，圖型看起來就像鐵路的軌道一樣平行，盤整趨勢代表買賣股票的投資人都算理性。

多頭的投資人不追高，股價拉回就買，空頭的投機客也不殺低，股價逢高才放空，因此建議投資人遇到盤整趨勢時，盡量以觀望為宜，不宜進場操作。

盤整的型態產生時，代表多頭和空頭短期內都無法勝出，也有可能代表多頭和空頭都在觀望，投資人可搭配量能來多做分析，只要短期成交量大增，再觀察均線是往上還是往下，那麼就可以判斷出這一波盤整過後，是往上漲或是往下跌。

看懂4種缺口型態

■ 形成缺口的原因有很多，有些是市場環境因素，有些則與市場的供需強弱度有關。

缺口型態代表的是K線中沒有交易的價格區間，而形成缺口的原因有很多，有些是市場環境因素，有些則與市場的供需強弱度有關，

一般而言，可將缺口分為突破缺口、逃命缺口及竭盡缺口，就趨勢而言，突破缺口為走勢的起點，逃命缺口顯示趨勢的持續性，而竭盡缺口則代表了趨勢的停頓或結束。

突破缺口

突破缺口通常發生在一段價格整理區之後，當價格在交易密集區完成整理，並發生突破時，常以缺口型態顯現出來，突破缺口具有十分重要的價格訊號，如果這個突破伴隨著大量，則可以確認這個突破是一個有效的破突，為強烈的買進訊號。而突破缺口通常不會在短時間內被填補。

逃命缺口

逃命缺口主要發生在價格趨勢出現筆直的走勢情況，即快速的漲勢或跌勢之中出現。趨勢初期發動後，將呈現加速發展現象，並且伴隨著大的成交量，在這個過程中，投資人激情的買賣常會發生較大的逃逸缺口。

這也代表著巨量換手成功，確保了主升段的持續走勢，所以就整個趨勢的長度來看，逃逸缺口透露出市場對後勢的看法，認為還會持續既有的趨勢，並且幅度會相當，如此才足以吸引一批換手量產生。

典型的4種缺口型態

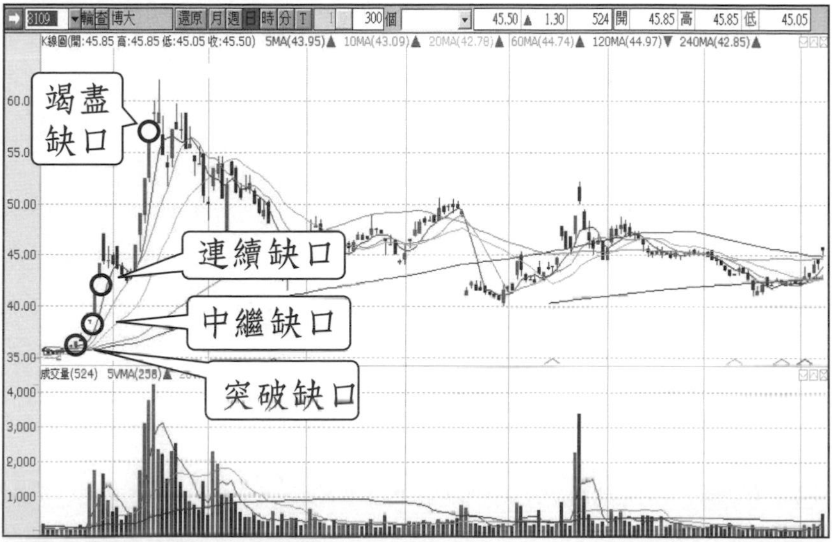

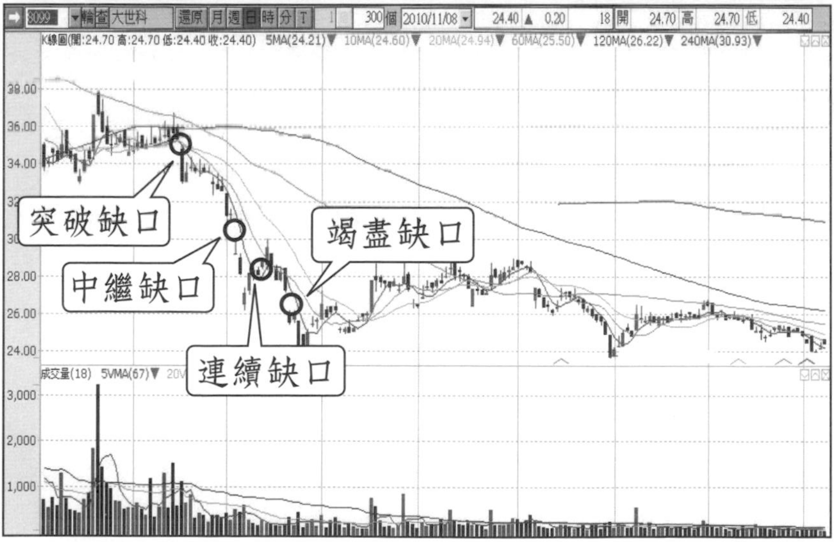

以上圖片來源：永豐e-leader

連續缺口

連續缺口主要發生在股票籌碼換手成功後，開始出現同一趨勢的上漲或下跌缺口。而投資人面對連續缺口時，要仔細盯著成交量，在上漲或下跌過程中，若產生連續缺口，但是成交量卻越來越低，那麼便是買賣雙方都降低買賣的意願，這代表即將出現竭盡缺口。

逃命缺口出現，投資人不管

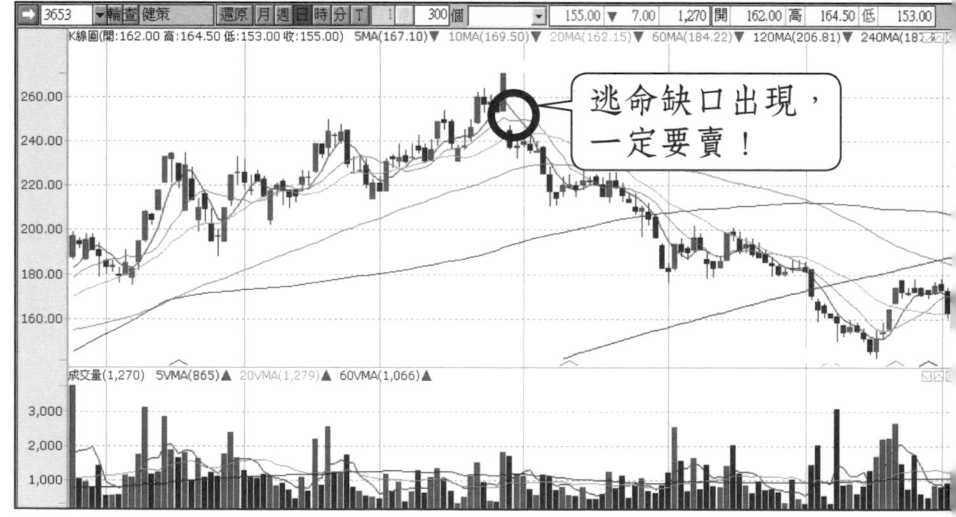

圖片來源：永豐e-leader

竭盡缺口

竭盡缺口代表一個走勢的末端，趨勢力道衰竭的象徵，跳空缺口是市場力道的展現。然而，在缺口發生後如果無後繼之力，走勢為之停頓時，則顯示這個缺口是市場的最後一道力量，之後市場已無動能再維持原有的趨勢了。

有無賺錢都要賣出持股

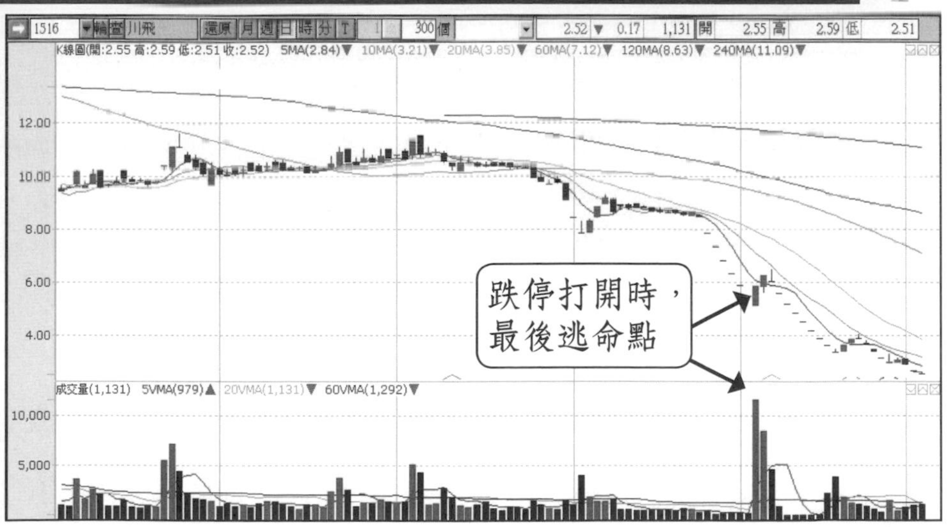

圖片來源：永豐e-leader

因此最後成為市場動能全部耗盡的缺口，所顯示出來的意涵便暗示了市場的力道，已經可能出現竭盡態勢，趨勢反轉的可能性則大為增加。有些財經專家會說：「缺口一定會回來回補。」

對此說法，我建議投資人都是聽聽就好，畢竟缺口產生時，都代表短線趨勢是快速急漲或急跌，投資人唯有立即跟著趨勢操作才是正途。但是若短線缺口馬上被回補封閉，那麼這缺口就可暫時沒有參考價值，基本上一個缺口若三天內沒有被回補，就可算是有效缺口。

4個缺口的狀況

突破缺口	通常發生在一段價格整理區之後，當價格在交易密集區完成整理，並發生突破時。
逃逸缺口	市場對後勢的看法，認為還會持續既有的趨勢，並且幅度會相當。
連續缺口	股票籌碼換手成功後，開始出現同一趨勢的上漲或下跌缺口。
竭盡缺口	市場動能全部耗盡的缺口，趨勢反轉的可能性大增。

典型的4種缺口型態

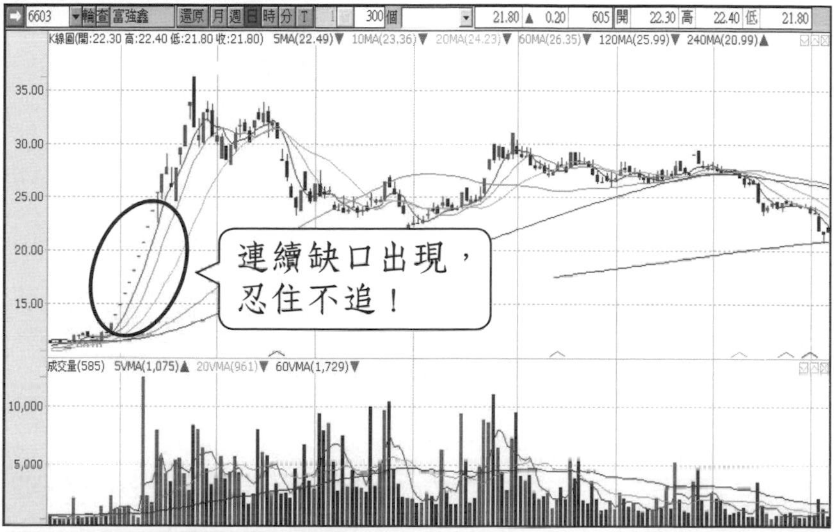

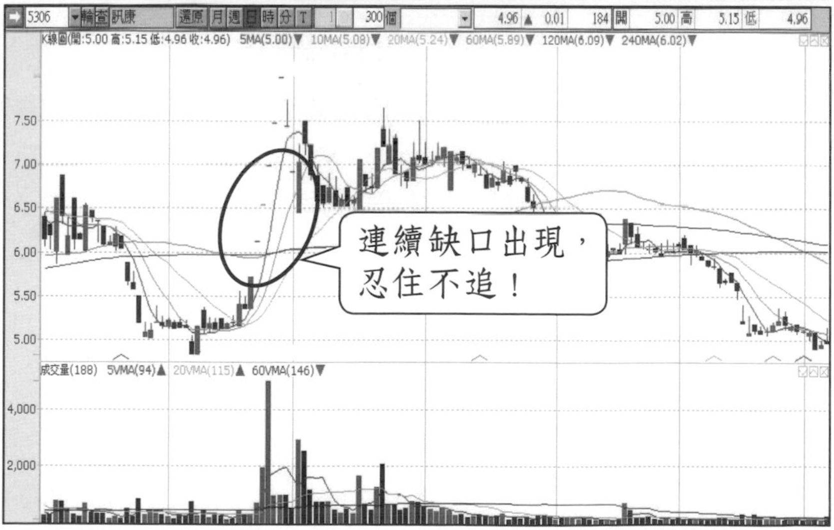

連續缺口出現，
忍住不追！

連續缺口出現，
忍住不追！

以上圖片來源：永豐e-leader

週線和月線的力量

■ 投資者可以從長期的趨勢研究，再來決定該檔股票是該買還是該賣。

投資股票最煩惱的一點，便是要決定現在該買還是該賣，投資人若不想到處聽名牌，想自己研究判斷，最好就是從最長期的趨勢變化開始研究，進而再來決定短期內該買進股票還是該賣。

從長期趨勢研究，再決定該買還是該賣。若是以時間長短來區分股票線圖，則可分為日線、週線、月線三種不同的線圖，分別代表三種不同的意義，適合短、中、長線的投資人來參考。

投資要以週線和月線型態來判斷較為穩健

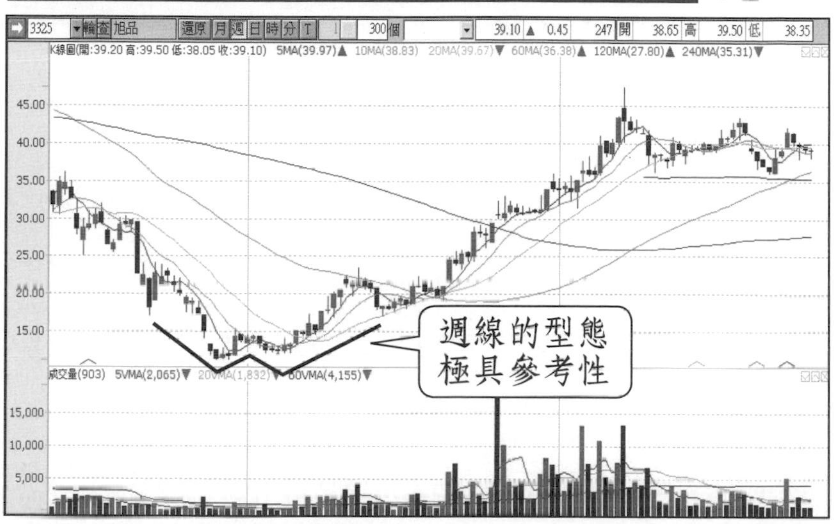

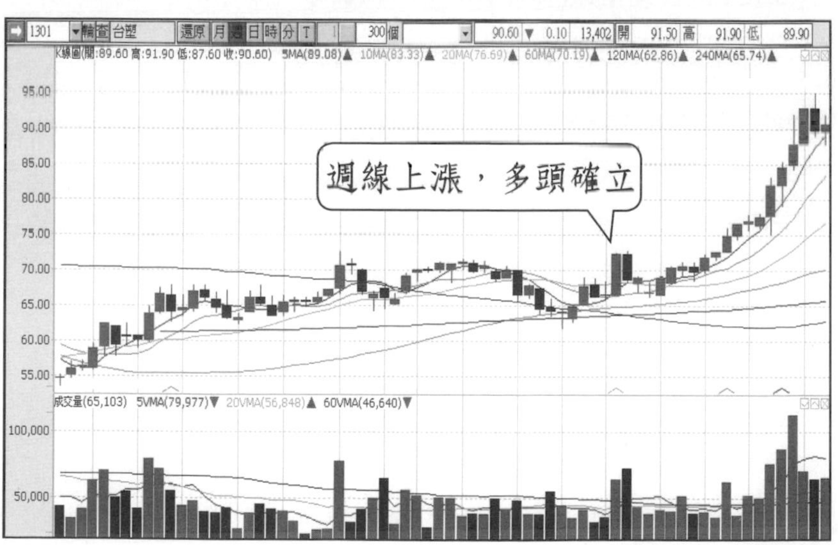

以上圖片來源：永豐e-leader

K線	日線圖	週線圖	月線圖
意義	代表一天的股價變化	代表一週的股價變化	代表一個月內的股價變化
適合的投資人	短線投資人	中線投資人	長線投資人
優點	可取得5～10日之買賣點	可看出2～3個月的買賣時機	可找出2-3年的買賣時機
缺點	利潤少風險高	不易取得短線利潤	不易取得短線利潤

不斷反覆出現的波浪理論

■ 不管是股票還是商品價格的波動，都與大自然的潮汐波浪一樣，一浪跟著一波，週而復始。

波浪理論是由一位技術分析大師所發明的，因他的名字為艾略特（R・E・Elliot），因此有時也會稱為「艾略特波浪理論」。波浪理論是一套靠著觀察股價波動的走勢而來的。

艾略特發現，在一個完整的多頭和空頭市場中，股價漲跌會有一定的規律性，這規律性就像海水的潮汐波浪一樣規律，因此投資人若能把握住這樣的規律，自然可以順勢買進賣出，從中獲取鉅額的價差。

在上漲趨勢中，艾略特發現會有一種3波上升、2波下降的基本節奏，而在下跌趨勢中，則可分為a、b、c三波。

股價的走勢經常與波浪理論雷同

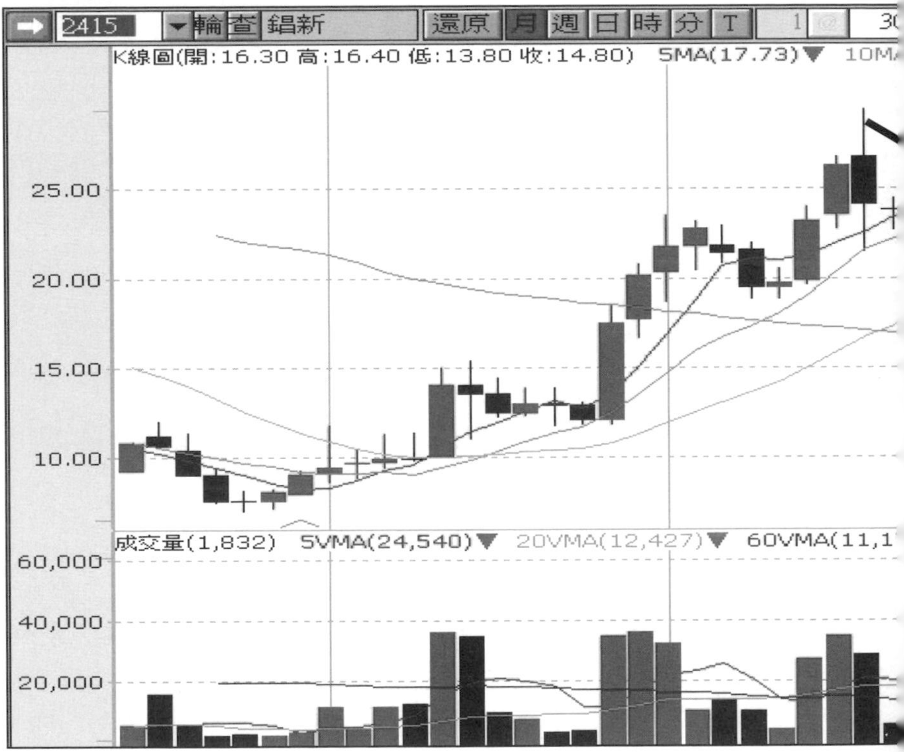

波浪理論的實際運用其實是很主觀性的，例如短線若是有上升波，但是拉到中長線來看卻是下跌波，因此我在實際運用時，還是要嚴設停損停利點。

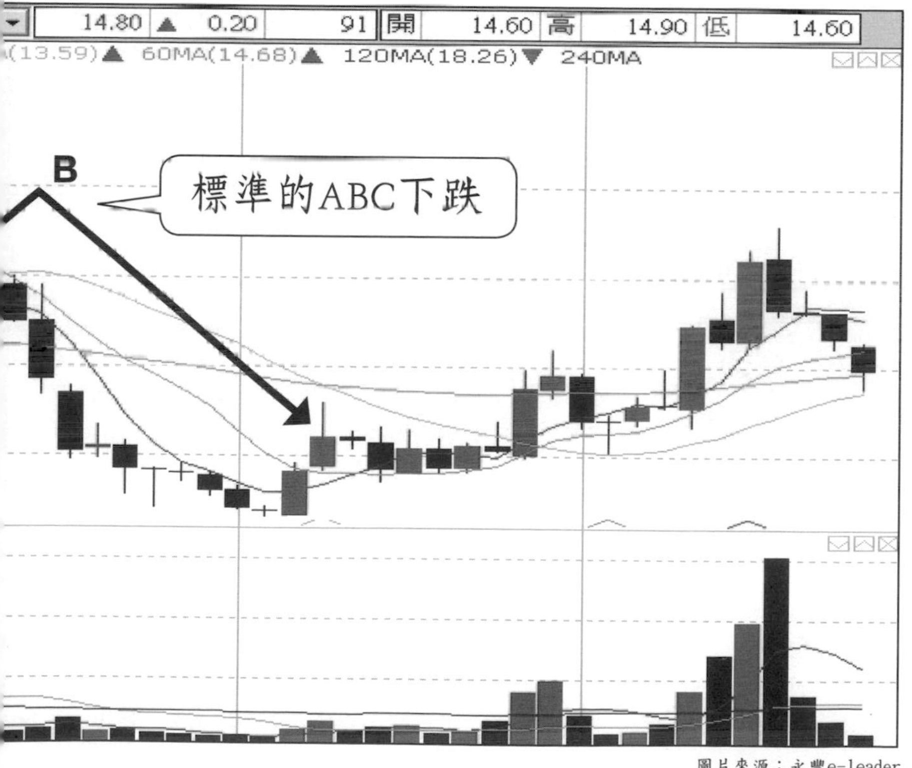

圖片來源：永豐e-leader

波浪理論的計算方式

(1) 第2浪＝第1浪×0.382 or 0.5 or 0.618

(2) 第3浪＝第1浪×1.382 or 1.618 or 2 or 2.5

(3) 第5浪＝第1浪

---

(1) A浪＝整個上升波×0.236 or 0.382 or 0.5

(2) B浪＝A浪×0.5 or 0.618

(3) C浪＝A浪 或 C浪：A浪×0.618 or 1.382 or 1.618

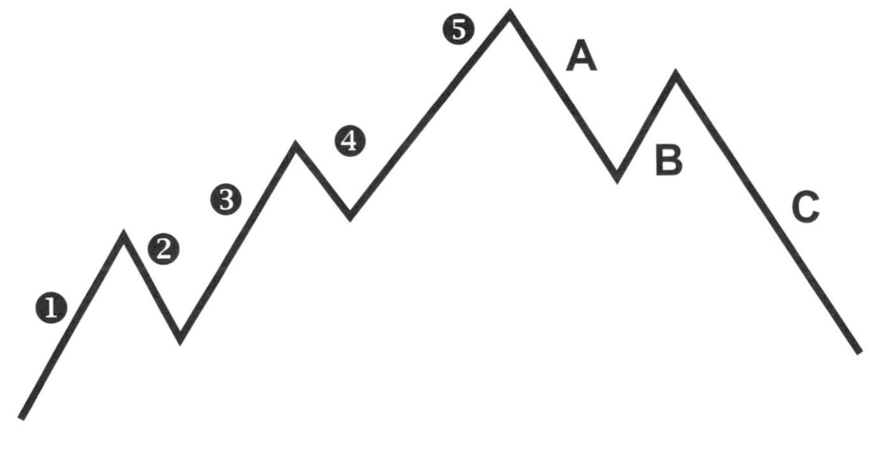

第五章

我的股市
3大技術指標

必須要學會的KD指標

■ 我最初學會，也是最後學會的看盤KD指標，又可以稱為標隨機指標。

KD指標是所有學技術分析入門者的第一項指標，我也不例外，因為KD指標簡單易懂：黃金交叉就買進，死亡交叉就賣出。

所以這項指標非常容易入門，但是KD指標買賣訊號出現非常頻繁，較適合短線操作，而且要把這項指標運用自如，又是另一門大大的學問了。

認識KD指標

股價往往在投資人追高殺低下，會出現超漲超跌的現象，這個現象便可透過KD指標超過某一區間而表現出來，當指標不斷往上至高檔時，投資人去追高，超過合理價位的買進行為將使股價超漲，這便形成指標超買的訊號。

KD會屬於較短、中期的指標，而KD指標的運用可用到開盤價、收盤價、最高價及最低價等資訊。因此KD指標對盤勢的反應會較敏銳，通常KD指標在80以上被視為超買區，KD指標在20以下則視為超賣區。

由於D值較K值平緩，因此當K值在超賣區向上穿越D值時，表示趨勢發生改變，為買進訊號。即是一般所稱低檔交叉向上時為黃金交叉，而當K值在買超區向下跌破D值時則為賣出訊號，即是一般所稱高檔交叉向下時為死亡交叉。

當股價突破前波高點，但指標走勢低於前波高點時；或指標突破前波高點，但股價走勢卻一波波往下時，則為KD背離現象。

而在長期上漲的趨勢時，KD指標經常會在超買區高檔鈍化，亦即當指標在80以上超買區，股價卻不跌時，代表的是可能還會向上再延伸一段波段行情。

KD指標因為屬於較敏感的指標，所以買賣訊號會頻繁的出線，因此要活用KD指標最好以長天期的角度來觀察。例如月KD指標的準確性會高於週KD指標，而週KD指標的準確性又高於日KD指標。

用週KD來判斷

一開始我會覺得KD指標很準，但是隨著投資年齡的增長，我發覺KD經常會有鈍化的現象，也就是說低檔黃金交叉後沒幾天，可能股價又繼續重挫，又再度死亡交叉下去。

此外，有時股價在盤整時，KD的黃金交叉還比死亡交叉的股價還高，所以我一直在學習如何改良KD指標來看盤。後來我終於發現到，週KD交叉會比日KD交叉還來的精準，月KD則可以來觀察長期趨勢。舉例來說，當我發覺2885元大金的週KD黃金交叉，再配合季線翻揚，當時我便閉著眼睛買在12.55元。

0050的月KD極具參考性

友達的KD好幾次出現死亡交叉，就要捨得賣出

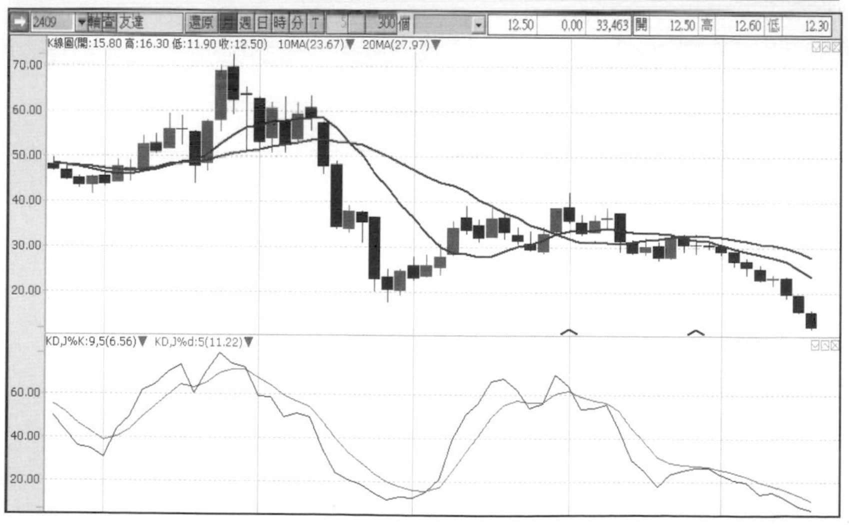

本頁資料來源：永豐金證券

雖然後來經過短暫套牢，不過股價都還能夠漲回在我所買的價位附近，甚至能夠賺取後面大波段的行情，這便是週KD的妙用之處，因此KD這項指標雖然很好學，不過卻也是我最後學會運用自如的一項指標。

最好的賣出指標

KD之所以這麼難學會，就是它的交叉速度很快，有時候明明等了很久，好不容易等到「黃金交叉」，但是隔週就出現「死亡交叉」。

鴻海的KD死亡交叉，投資人捨不得賣就被套牢了

圖片來源：永豐金證

KD指標的特色

1. 股價往往在投資人追高殺低下，會出現超漲超跌的現象，這個現象便可透過KD指標超過某一區間而表現出來。

2. KD指標對盤勢的反應會較敏銳，通常KD指標在80以上被視為超買區，KD指標在20以下則視為超賣區。

3. KD指標經常會在超買區高檔鈍化，股價卻不跌時，代表的是可能還會向上再延伸一段波段行情。

4. 月KD指標的準確性會高於週KD指標，而週KD指標的準確性又高於日KD指標。

5. KD (Stochastic Oscillator)簡稱為隨機指標，原名%K與%D，是在1950年時，由美國 George C. Lane所發明的，這是一項對於股價高低敏感度最高，也是最常用的指標。

這時若賣出的話，通常不僅沒賺到錢，反而是小賠，若是再一猶豫，就有可能被嚴重套牢了。因此這麼多年來，我在運用KD指標時，通常是把它當作是「賣出指標」。

主要原因就是在股票市場裡，一個完整的波段行情，上漲時間通常較長，而下跌卻都是又快又急。因此既然KD指標的反應比較靈敏，那麼反而適合用來當作「最好的賣出指標」。

KD指標若有一兩次鈍化背離，投資人跟著操作小賠後，在下次的交叉出現時，往往相信自己的判斷，結果反而錯失掉最大的一個大波段，尤其是高檔崩跌時，不甘心停損，套牢後，只能苦苦地等待下一次的KD黃金交叉了。

投資小叮嚀！

KD指標買賣訊號出現非常頻繁，較適合短線操作。

極為普遍的 MACD指標

■ 這篇要提供的是我摸索了很久才領悟到的技術指標──MACD，這指標是從移動平均線基礎上發展起來的。

MACD英文全名我們稱之為Moving Average Convergence-Divergence，簡稱為MACD，中文名為指數平滑異同移動平均線。原理是利用DIF線和MACD移動平均線的變化來作為盤勢的研判。

認識MACD

DIF線是屬於長天期移動平均線，屬於「較慢」的平均線，而MACD移動平均線屬於短天期移動平均線，屬於「較快」的平均線，因此MACD指標具有確認中長期波段走勢並找尋短線買賣點的功能。

當快的移動平均線（MACD）與慢的移動平均線（DIF）二者交叉，代表的是趨勢即將反轉，因此MACD可說是確立波段趨勢的重要指標。

由於MACD是使用指數型移動平均線方式求得，因此具有時間近者給較重權值，如此更具掌握短期訊號性質，而計算過程是經過二次平滑移動平均過程，所求得的值。

所以與KD指標來比較，MACD指標的趨勢確認較準確。當DIF由MACD下方往上方突破時，表示短天與長天的需求指數擴大，市場逐漸熱絡，為波段買點的確認。反之，當DIF由MACD上方往下方跌破時，為波段賣點的確認。

由於MACD指標主要用來確認波段走勢，而非預測波段走勢，所以是屬於落後指標，假設遇到盤整區時，MACD指標所呈現的效果便不是很理想。

如何活用MACD

通常一般投資人會比較少去看MACD指標，原因就是因為這個指標的轉折太慢，無法達到預測股價漲跌的效益，往往MACD黃金交叉或死亡交叉時，股價都已經大漲或大跌很多了，所以頂多是用來參考，很少拿來活用。

MACD走勢較趨緩，通常是用來確認趨勢用的

圖片來源：永豐金證券

不過在股票市場久了，我發覺MACD慢歸慢，但是卻不失為一個觀察趨勢的好工具。大家可能常會聽到股市高手講的：「投資要跟著趨勢走。」不過我想大家心裡應該會有個問題：「那現在的趨勢是什麼？」

MACD正可以解答這個問題，觀察MACD是走揚或走弱，就可以判斷目前的趨勢是如何，至於我用MACD這項指標，也是用週MACD來觀察。以0050的周線為例，當初台股從九千多點崩盤時，靠著MACD出場，雖沒出在最高點，也能夠出在相對高點了，所以MACD我自己把它稱為「最後的晚餐」。

優雅的買進

我在股票市場裡有句口頭禪：「買要慢慢買，賣要快快賣。」這句口頭禪的意思就是說，在買進股票時，要分批買進，並且用非常優雅的心態來買股票，一點都不需要心急。在賣出股票時，要一次賣出，並且要用非常謹慎的心態賣出，賣出時一點都不能猶豫。

由於MACD這項指標的反應比較慢，通常股價已經漲了一段後，才會出現「黃金交叉」的狀況。

但是我卻認為這反而是一項確認買點的好指標，因此底部通常都要來反覆測底，一個底部的時間短則一個月，長則會超過半年以上，因此我通常都會用MACD來當作買進指標。

MACD可說是最後的晚餐，當股價從高檔滑落時，再怎麼不甘心也要賣出

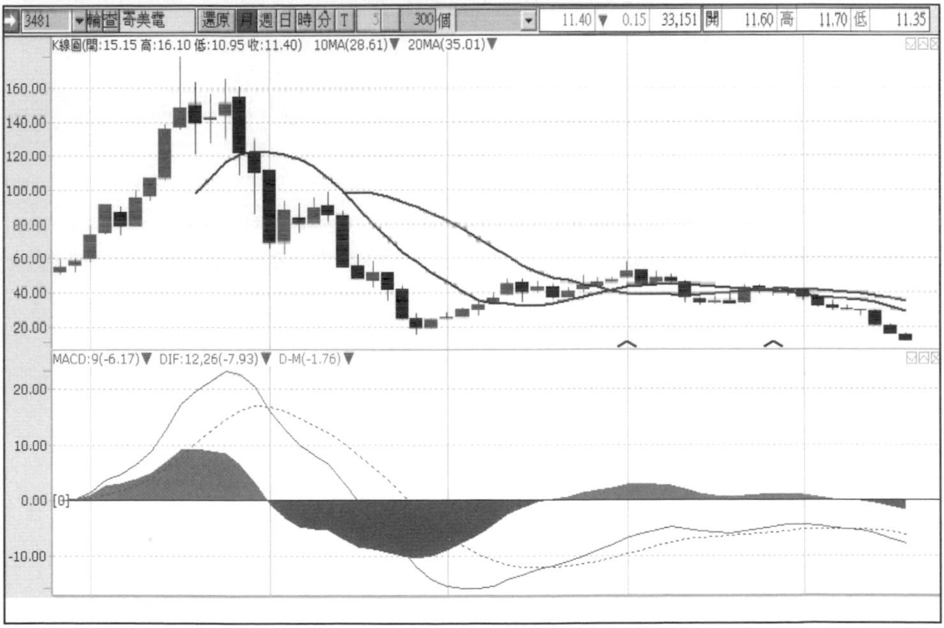

3481 輸查 奇美電 還原 月 週 日 時 分 T 5 300 個 11.40 ▼ 0.15 33,151 開 11.60 高 11.70 低 11.35

K線圖(開:15.15 高:16.10 低:10.95 收:11.40) 10MA(28.61)▼ 20MA(35.01)▼

MACD:9(-6.17)▼ DIF:12,26(-7.93)▼ D-M(-1.76)▼

圖片來源：永豐金證券

至於MACD的賣出訊號雖然死亡交叉的速度較慢，但是卻是一項重要的參考指標，尤其股價從高檔開始滑落時，MACD的死叉便是一個趨勢反轉的確認點。

不過MACD指標對於中小型股的精準度較不夠，主要原因是中小型股容易受到主力操控。這些年還有些惡質主力會因為散戶努力學技術分析，因此還對一些中小型股「做線」。

也就是說，故意把MACD指標做成黃金交叉，誘使散戶買進時，再大舉灌壓股價，而若想拉抬一檔小型股時，也會故意讓MACD指標死亡交叉，讓投資人嚇得賣出股票後，再開始連續拉抬股價。

因此為了避免落入主力作手的技術陷阱，我建議投資人應該以台灣五十和台灣中型100成份股的股票為投資標的，因為這些公司的股本至少都有一百億，跟中小型股只有幾十億以下的股本比起來，大型股的股價不容易被操控，因此技術線型的指標參考性也較高。

MACD對確認大盤或大型股的趨勢極具參考性

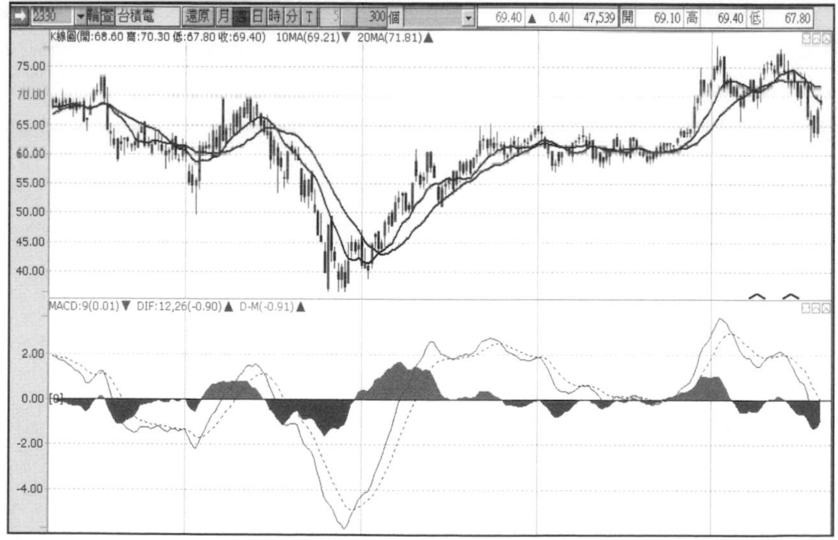

圖片來源：永豐金證券

許多投資人愛用的RSI指標

■ 這篇要提供的是我摸索了很久才領悟到的技術指標——MACD，這指標是從移動平均線基礎上發展起來的。

RSI英文名為Relative Strength Indicator，簡稱RSI，中文為相對強弱指標，原理是假設收盤價是買賣雙方力道的最終表現與結果，把上漲視為買方力道，下跌視為賣方力道。

RS代表買方力道與賣方力道的比較，即是雙方相對強度的概念，而RSI則是把相對強度的數值定義在0～100之間。當盤勢全面連續上漲情況時，RS會趨近無限大，則RSI會趨近於100。

因此當行情出現全面多頭時，會導致RSI趨近其上限100，反之，當盤勢出現全面的跌勢，RSI會趨近其下限0。因此RSI值會介在0~100間，數值越大，代表買方力道越強，數值越小，代表賣方力道越強。

2498宏達電的RSI在高檔震盪後，最終還是往下跌

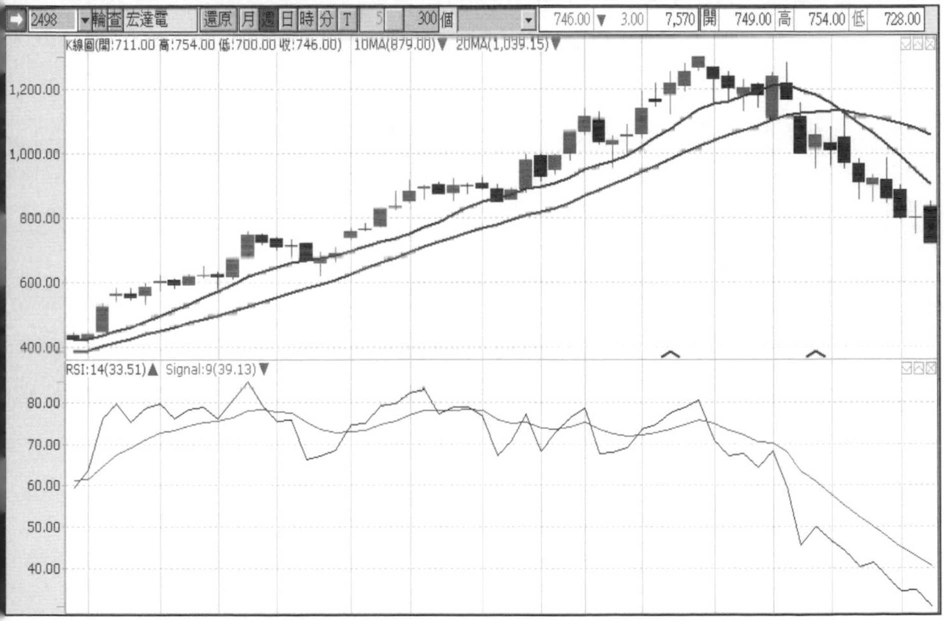

圖片來源：永豐e-leader

若當RSI指標在50附近，代表多空力道接近，一般來說，以RSI指標70以上代表買超，RSI指標30以下代表賣超。不過在實際應用上，也可以彈性調整買超區為80或90，而賣超區為20或10。

由於RSI是一種比率的指標，因此在趨勢分析的能力上會較弱，因此在判斷波段漲跌時，比較不會用RSI指標，但是RSI卻是一個可以確認K線型態的好指標。

RSI與KD不同的是，買超與賣超的數值是不代表買賣訊號的，僅表示趨勢反轉的機率較大，一般運用RSI指標可用來觀察W底或M頭等這2種型態，來作為股價高低檔區的最後確認。

用RSI來判斷股價漲跌容易有盲點，主要原因就是多頭市場時，通常追價的買力會很強，RSI容易維持在80以上的高檔區。

而空頭市場時，追殺的賣力也會很強，RSI也會快速滑落至20以下，因此在使用RSI指標時，最好還是搭配周線圖和均線指標來輔助，別太陷入RSI的數值迷思。

RSI在低檔黃金交叉後，開始往上大漲

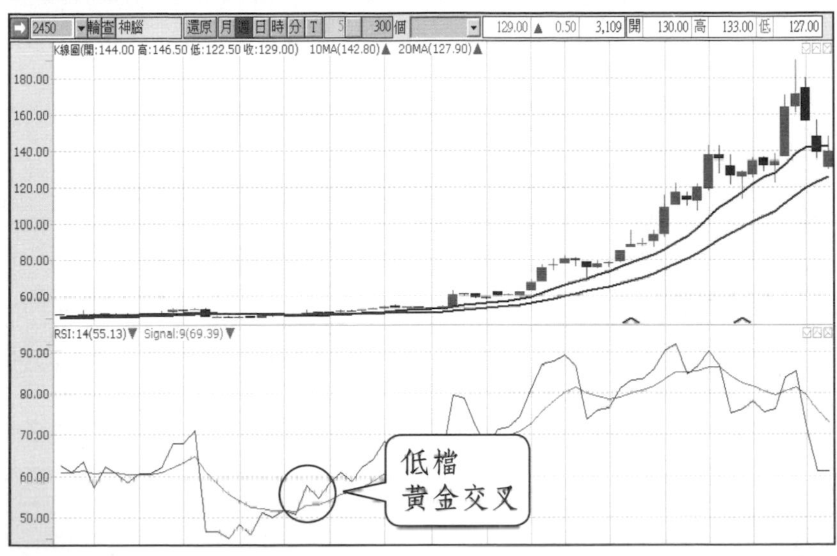

圖片來源：永豐e-leader

打造新閱讀饗宴！
致富絕學，投資新法，盡在茉莉！

黃金典藏版

《股市10大技術指標圖典（黃金典藏版）》
定價：250元

《35歲前,靠技術分析賺到1000萬（黃金典藏版）》　定價：250元

《新手一看就懂的股市分析（增修版）》
定價：280元

有錢人想的和你不一樣

《每天理財30分鐘,為自己多賺一份薪水》
定價：250元

《有錢人默默在做的33件事》
定價：250元

《5年內不上班也能月入15萬（黃金典藏版）》
定價：250元

榮登各大書店與網路書店暢銷排行榜！！
上萬網友一致推薦的收藏好書！